中青年经济与管理学者文库

资本结构波动与企业价值研究

王明虎 著

中国财经出版传媒集团
中国财政经济出版社

图书在版编目（CIP）数据

资本结构波动与企业价值研究/王明虎著.—北京：中国财政经济出版社，2019.2

（中青年经济与管理学者文库）

ISBN 978-7-5095-8646-4

Ⅰ.①资… Ⅱ.①王… Ⅲ.①企业管理-资本结构-影响-企业-价值论-研究 Ⅳ.①F270

中国版本图书馆CIP数据核字（2018）第263418号

责任编辑：孙　琛　　　　　责任校对：张　凡

中国财政经济出版社 出版

URL：http://www.cfeph.cn

E-mail：cfeph@cfeph.cn

（版权所有　翻印必究）

社址：北京市海淀区阜成路甲28号　邮政编码：100142

营销中心电话：010-88191537

天猫网店：中国财政经济出版社旗舰店

网址：https://zgczjjcbs.tmall.com

北京财经印刷厂印刷　各地新华书店经销

880×1230毫米　32开　6.125印张　150 000字

2019年2月第1版　2019年2月北京第1次印刷

定价：32.00元

ISBN 978-7-5095-8646-4

（图书出现印装问题，本社负责调换）

本社质量投诉电话：010-88190744

打击盗版举报热线：010-88191661　　QQ：2242791300

策划人语

题记：一个人的精神成长史，取决于他的阅读史。只有阅读能最有效地培养精神生活习惯，而好的习惯又培养性格，性格决定人生。
——我们自豪，因为我们就是创造这精神产品的人。

选择了飞翔，总能看到蓝天；选择了远航，总能感受大海。人生不仅要作出选择，也要坚持住自己的选择。学会计、当编辑是我的意外选择。人说编辑是为人做嫁衣，可是这一选择我坚持了27年，苦在其中，乐在其中，也算是有声有色。每当我把一本本好书呈献给人们的时候，我觉得我是"富贵"的人：富，不是你身上的钱财，而是你心里的满足；贵，不是你地位的显赫，而是你被人需要的程度。

书海探寻，情怀永恒

我要说，做编辑我幸运，因为我不仅是第一个读者，可以对作品"品头论足"，也可以对作品"生杀予夺"；更重要的是，这是一个很高层次的平台，在多年与名家的交往和名著的"对话"中，深深地为他们的人格和才学所感动，被作品的精彩所吸引，这不仅使我"下笔如有神"，更使我的思想和灵魂也受到一次次洗礼和震撼，得到一次次升华。对于我的作者我的书，如数家珍，作者中不乏才学和为人同样过人的多位泰斗和"颜值高责任大"的众多才子佳人；策划的作品不仅立足专业还兼顾人文，也是情怀所在，专业加人文路才会更宽。

多年的体会是，作为一名编辑，起码要"三心二意"，即"责任心、细心、耐心"和"服务意识、创新意识"。要多策划一些有分量的拳头产品，用一个选题推动一个系统工程，用一个系统工程培养一个出版社品牌。给新入职编辑讲座时我做过一个比喻：编辑两项基本功，审稿——甚至要比博导审批学生论文还要全面、细致；选题策划——要像电影导演一样做"星探"，善于发现优秀作者和挖掘好的原创作品。记不得27年来我策划和编辑了多少书，组织和策划了一大批教材、业务培训用书、通俗读物、理论专著等，有的获得过国家、省部级各类奖项，有的以其填补空白、社会热点、风格新颖、开拓尝试等特点受到读者的欢迎。20世纪90年代我开始自主策划选题，多年来每年都有新丛书问世。比如，21世纪初内部控制研究在国内刚兴起时，策划了《现代内部控制丛书》，其中《企业内部控制管理操作手册》是我鼓励作者将自己饱含心血的经过长期钻研和实践并证明卓有成效的成果奉献付梓，使得更多的人能受益于此，这无疑是对我国内部控制理论探索和实践发展的一种贡献，内部控制选题至今还是热点。2013年的《来去无尘——一位财政部长的生前事》所展现的吴波精神，与深入推进党风廉政建设相得益彰，得到中央领导同志的高度重视和重要批示。中央各大主流媒体纷纷连续报道，掀起了全社会学习吴波高尚情操的热潮。2014年至今的前沿选题《财务云丛书》等也越来越受到业界认可。

想是问题，做是答案

众所周知，目前的图书出版业在行业竞争和纸质图书受到严重冲击的情况下，出版人无不感到莫大的危机。在这种背景下，策划一套专业图书是颇感困惑的一件事，风险更大。但即使这样，我们也不能因噎废食、停滞不前，还要积极应对，继续发挥纸质图书的固有特质，挖掘出版内容和形式都精彩的原创作品，适应新形势下读者的更高需求。2017年，我们接受新的挑战，开启新的征程，又策划《中青年经济与管理学者文库》《当代税收名家丛书》《中国税务律师系列丛书》《现代管理实务丛书》《高等院校应用型会计人才精细化培养系列教材》等，继续为扶持学术研究和总结最新成果，在高端研究与专业知识普及应用之间搭建一座座有益的桥梁。

每一个时代的经济环境不同，理论研究和实务探索所需要解决的问题也有所差别。当前我国不仅处于经济结构调整和供给侧改革的攻坚期，同时也处于大数据和互联网突飞猛进的变革期，矛盾叠加，风险交汇，市场环境和组织模式不断演变发展、推陈出新，经济、管理、财税等领域的新理论、新思想、新方法、新工具也层出不穷。乱花渐欲迷人眼，击水三千浪几何？这些领域的研究人员被时代赋予了更艰巨的责任，也面临着更高、更多元的要求，我们不仅要具备更广阔的学术视野，而且要有更严谨的学术思维。

输在犹豫，赢在行动

《中青年经济与管理学者文库》的作者，都是我国经济与管理领域的中坚力量,也是未来的大家。他们中有些人潜心从事理论研究,有些人则深耕在实务一线,但无论现实身份如何,视野全都没有被拘泥在"象牙塔"内。他们从不同视角对市场经济的不同要素进行细致审视,然后汇聚于"财经版"这面旗帜之下,相互碰撞,彼此激荡,力求在市场经济转型升级的关键时期留下最新鲜的"中国印记"。

这些经济与管理领域的中青年学者,就是我国市场经济发展的潜力与优势,他们的研究成果,不仅将引领市场经济的各个组成环节向更科学、更先进的方向发展,而且将成为我国政府和企业在未来经济世界扮演更重要角色的支点与动力。祝愿这些中青年学者能攀上更高的学术之山,走向更远的研究之路,也期待宏观、中观、微观各个层面的市场参与者都能从这套文库中得到切实的启发与指引,在全面深化改革、增强发展活力的关键时期,发挥正能量和积极作用,为经济社会发展增添新的动力!

如果您认可,如果您有意愿,欢迎您和您的朋友加盟我们的作者队伍!在中国财经出版传媒集团的"旗舰"下,中国财政经济出版社这"老字号",一定励精图治,谱写新的篇章。我们用"龙的精神,玉的品质"来助力您实现梦想!

策划人:樊清玉
邮箱:qingyuf@ sina. com
2017 年春

前 言

资本乃企业之根基，培基始有成长。资本结构是企业最初始的要素构建方式，既为财务学研究之主题，也是产业经济、公司治理等关注的焦点。自 Modigliani 和 Miller（1958）惊世之作问世以来，解开"资本结构之谜"成为学界孜孜以求的研究热点。早期的静态资本结构理论关注于资本结构对企业价值的影响，以及资本结构决策的影响因素；后期的资本结构动态调整理论聚焦于资本结构调整速度、调整方式研究，力图通过更长的时间视界寻求资本结构调整的内在规律。而在目前这种研究范式下，资本结构调整对企业价值的影响并未引起学界的足够关注。从经济发展实际情况看，进入 21 世纪以来，随着世界经济发展的不确定因素增加，全球经济增长乏力，企业资本结构不稳定性增加。这种资本结构的波动性将会对企业价值产生何种影响？资本结构波动又受到哪些因素的驱动？上述问题既是亟待解决的实践问题，也是理论研究需要进一步深入研究的命题。由是笔者矢志于上述课题研究，力图为上述问题的解决作出贡献。

资本结构波动作为资本结构理论研究的一个新研究视界，有关命题研究的概念界定、理论机理、驱动因素和价值影响路径是构成研究逻辑体系不可或缺的组成要素。本书按照"理论—实践—理论"的研究范式，首先建立资本结构波动基本概念和计量方法，运用已有理论研究成果分析资本结构波动机理、驱动因素和价值影响路径，然后运用我国上市公司财务数据检验理论分析命题，最后形成本书研究结论。为此本书共分七章，各章内容简述如下：

第一章为绪论，总领全书，提出本书研究的背景及意义，阐述本书的基本思路、主要内容和研究方法，为后续各章提供路线指引。

第二章为本书研究的理论基础，本章引入资本结构波动现象，界定其概念，利用数理方法设计其计量模型；以计量模型为依据，研究资本结构动态调整中调整速度与调整方式对资本结构波动的影响；利用已有资本结构研究理论成果，探索各种因素对资本结构波动的驱动机理，考量资本结构波动对企业价值的影响。本章研究表明，资本结构波动受宏观经济发展、区域市场化水平、企业成长等宏、中、微观三个层次多因素影响；资本结构波动影响交易成本、财务风险和公司治理效率，从而对企业价值产生冲击。

从第三章到第六章为本书的实证检验部分，主要利用上市公司财务数据，通过实证研究方法检验第二章的主要理论研究成果，并推进理论研究深度。第三章聚焦于宏观、中观、微观主要因素如何引发资本结构波动。通过研究发现，宏观经济和金融发展水平的提高可以抑制资本结构波动；市场化程度的提升有助于资本结构波动的减缓;国有产权、盈利能力高、资产规模扩大可以减轻资本结构波动;成长速度加快会助推资本结构波动。第四章到第六章主要从不同视角验证资本结构波动对企业价值的负面作用。其中,第四章以债务资本结构为着眼点,构筑不同资本结构波动水平与债务资本成本关系图,提出研究假设,并结合宏观经济发展水平全面观测资本结构波动对债务资本成本的影响。研究发现:资本结构波动会拉动企业债务资本成本,且在宏观经济好转时,资本结构波动对债务资本成本的推动作用更大。第五章以财务困境为参照对象,用数理模型方法证明资本结构波动对企业财务困境的推动作用,同时以我国利率市场化进程为背景,实证检验资本结构波动对企业财务困境的影响。研究表明:资本结构波动程度越大,企业陷入财务困境的可能性越高;随着利率市场化进程的加快,资本结构波动对财务困境推动作用逐步下降。第六章关注于资本结构波动对费用粘性的影响。借助于数理分析提出资本结构波动加强费用粘性的命题,并引入不同产品市场竞争程度为不同参照进一步观测资本结构波动对费用粘性的推动作用。通过实证研究发现,资本结构波动有助于企业费用粘性的提高;产品市场竞争程度的提高有利于减轻资本结构波动对企业费用粘性的推动作用,这种产品市场竞争对资本结构波动与费用粘性关系的抑制作用在国有企业中更显著。

第七章总结全书研究结论,系统归纳资本结构的产生、驱动因素和价值影响,根据研究结论提出相应的政策建议,说明本书研究的局限性,并阐述后续研究的方向和对象。

资本结构波动作为资本结构理论研究的一个新视阈,可以在更深层次上揭示资本结构变动对企业价值的影响;加之以不同宏观经济背景变动,还可以进一步探索我国经济体制变革对企业微观融资行为影响之规律,为丰富动态资本结构理论提供广阔研究前景。

目录

第一章 绪论……………………（1）
  一、选题背景………………………（1）
  二、研究目的和意义………………（5）
  三、研究思路、研究内容和方法
    ……………………………………（7）

第二章 资本结构波动机理及价值影响理论分析……………（11）
  一、资本结构波动概述及数学计量
    ……………………………………（12）
  二、资本结构波动与资本结构调整
    速度、调整方式关系演绎……（14）
  三、资本结构波动机理分析………（44）
  四、资本结构波动价值影响理论分
    析…………………………………（51）
  五、本章小结………………………（58）

第三章　上市公司资本结构波动驱动因素分析 …………（60）
一、资本结构波动影响因素理论分析与假设的提出
　……………………………………………………（61）
二、资本结构波动因素研究设计 ……………………（71）
三、各主要因素对资本结构波动
　　影响的实证研究结果分析 ……………………（73）
四、本章小结 ……………………………………（81）

第四章　资本结构波动与企业价值关系：资本成本
　　　　视角 …………………………………………（83）
一、资本成本与资本结构波动关系理论分析和假设
　　提出 ……………………………………………（84）
二、资本结构波动与债务资本成本关系研究设计 …（91）
三、资本结构波动对债务资本成本影响之实证研究
　　结果分析 ………………………………………（93）
四、本章小结 ……………………………………（102）

第五章　资本结构波动与企业价值关系：财务困境
　　　　视角 …………………………………………（104）
一、资本结构波动与财务困境关系理论分析和研究
　　假设 ……………………………………………（104）
二、资本结构波动与财务困境关系之研究设计 ……（115）
三、资本结构波动与财务困境关系的实证研究结果
　　分析 ……………………………………………（117）
四、本章小结 ……………………………………（125）

第六章 资本结构波动与企业价值关系：费用粘性视角 ……………………………………………（127）
 一、资本结构波动与费用粘性关系理论分析和研究假设 ……………………………………（128）
 二、资本结构波动与费用粘性的实证研究设计 ……（136）
 三、资本结构波动与费用粘性关系的实证研究结果分析 ……………………………………………（139）
 四、本章小结 ………………………………………（152）

第七章 结论、建议与研究局限性 ……………………（153）
 一、研究结论 ………………………………………（153）
 二、政策建议 ………………………………………（156）
 三、研究局限性 ……………………………………（162）

参考文献 ………………………………………………（164）

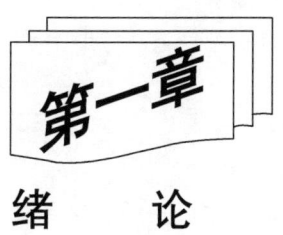

绪 论

一、选题背景

(一) 理论研究背景

经济的发展需要资本投入,而资本的配置是否合理直接影响到经济发展的效率。从企业微观经济来看,资本结构对企业价值的影响一直是财务学研究的重要主题之一,从 Modigliani 和 Miller (1958) 划时代的研究开始,学者们对这一主题的研究可谓汗牛充栋。目前学术界关于资本结构的研究主要关注资本结构调整速度和调整方式对资本结构调整的影响,也有较少研究注意到资本结构存在一定的稳定性,但鲜有文献关注资本结构动态调整过程中资本结构波动,以及这种资本结构波动可能对企业价值的影响。如果能研究出资本结构波动的内在规律性,梳理出资本结构波动和企业价值的关系,将会为资本结构理论研究提供一种全新视角。

(二)经济实践背景

自改革开放以来,我国在经济和政治多个领域开展了深层次的改革,再加上宏观经济的高速发展后换挡,形成了多方面对企业资本结构的持续冲击。其中有重大影响的因素包括:

1. 宏观经济波动

受多种因素影响,改革开放后我国宏观经济发展虽总体向好,但也存在着一些周期性起伏。我们以图1-1为例来进行展示。

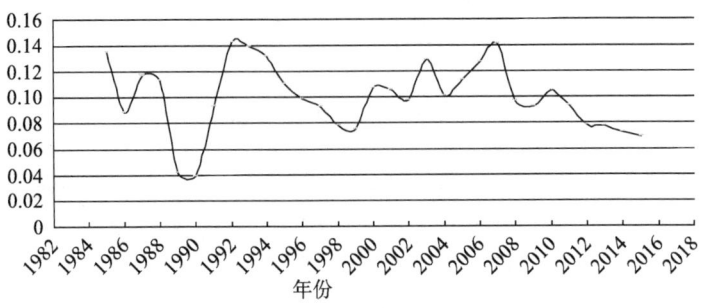

图1-1　1985~2015年我国GDP增速分布图

图1-1描述了我国从1985年到2015年30年间国内生产总值(GDP)的增速情况。从图1-1看,我国宏观经济经历了1985~1990年、1990~1999年、1999~2007年以及2007年以后四个经济周期,每个周期都经历了宏观经济高低起伏的阶段。宏观经济的不断周期变化,形成对企业经营状况的冲击,从而影响企业融资策略。

2. 货币政策

货币政策是影响企业融资的重要因素。我国的货币政策主要包括货币发行量、利率政策等。21 世纪以来，受国内外经济政治等多方面因素影响，我国货币政策多次进行调整，现将我国 2002~2015 年主要货币政策指标变动情况通过图 1-2 和图 1-3 展示。

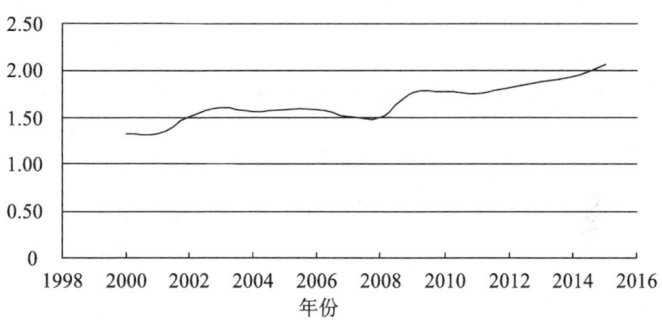

图 1-2　2000~2015 年我国 M2/GDP 比率走势

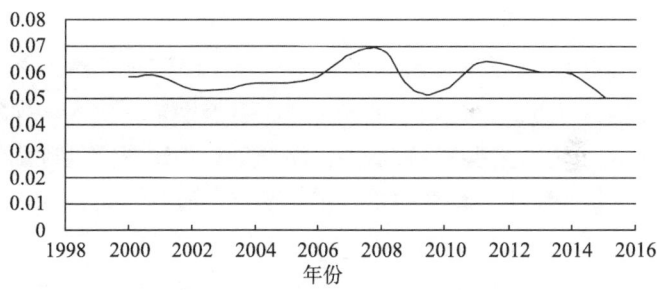

图 1-3　2000~2015 年我国一年期贷款利率走势

从图 1-2 看，2000~2015 年，我国 M2/GDP 比率一直有走高趋势，说明我国经济发展对货币发行量的依存度增加；而从图 1-3 看，一年期贷款利率经历了 2000~2002 年、2002~2008 年、2008~2009 年、2009~2011 年以及 2011~2015 年五个不同的涨跌周期，这种不断的调整变化也会对企业资本结构调整产生影响。

3. 金融发展水平

随着我国宏观经济规模的稳步提高以及金融改革的深入，我国金融发展水平逐步提高。但由于宏观经济波动以及国家对不同融资渠道政策的调整，各种不同融资渠道的发展水平有较大差异。我们收集了我国2012～2015年主要融资渠道融资额，见表1-1。

表1-1　2012～2015年主要融资渠道融资统计表　　单位：亿元

年份	社会融资规模存量	人民币贷款	外币贷款	委托贷款	信托贷款	未贴现银行承兑汇票	企业债券	非金融企业境内股票
2015	13814	9275	302	1093	539	585	1463	453
2014	16945	6973	540	4551	2102	601	761	658
2013	12532	4824	509	2727	1111	1679	287	369
2012	16282	4546	1486	2079	2598	2637	2126	135

从上表1-1可以看出，除人民币贷款总额一直稳步上升以外，其他融资方式都呈现出波动态势，且波动幅度较大，导致社会融资结构一直呈现不稳定状态。不同融资渠道资金供应量的比例变动直接影响企业融资渠道选择，从而导致资本结构变迁。

4. 地区市场化进程和政府干预

区域市场化程度的提高可以减少企业之间的交易成本，从而改善融资环境；而政府干预不仅能影响我国信贷资金的配给，也会影响到微观企业的资金可获得性，这些都会扰动到企业的融资安排。自改革开放以来，中国总体的市场化程度逐步提高，但在这个总体提高过程中，各地区的市场化程度在水平上存在差异，在提升速度方面也有不同。从政府干预看，随着我国社会主义市场经济体制改革的逐步深入，政府在金融控制、产业准入、财税政策方面对企业的干预逐步减少，但在这个过程中各地政府干预程度不同，削减程度不同，这些都会对不同地区企业融资决策产生差异影响。

二、研究目的和意义

虽然 Modigliani 和 Miller（1958）认为，在完美的市场条件下资本结构变化与企业价值无关，但由于市场缺陷的存在，资本结构的变动会影响企业价值，这是目前学术界已经形成的共识。然而有关资本结构和企业价值之间的关系还存在许多争议以及未研究的领域。

第一，从静态看，企业是否存在最优资本结构。权衡理论（Trade - off Theory）认为，给定宏观和微观经济环境，企业存在最优资本结构；融资优序理论（Pecking - order Theory）认为，企业融资一般按照内外部融资成本和资本的可获得性形成融资的选择顺序，即内源融资—债务融资—权益融资先后顺序，按照这一理论推理，盈利能力越强的企业负债比例越低，企业不存在最优资本结构；信息不对称理论（Asymmetric Information Theory）则认为，公司的融资决策是公司对市场提供的一种内部信息，投资者会根据融资决策解读公司内部信息，从而做出影响企业价值的投资决定。根据这种理论，高价值的公司运用较多的负债进行融资，低价值的公司依赖更多的股票进行投资（Ross，1977），企业无所谓最优资本结构。

第二，从动态看，资本结构的动态调整与企业价值之间究竟是什么关系，还需要进一步探索。目前，资本结构动态调整理论的研究主要关注在资本结构调整速度和调整方式两个方面，而这种调整速度和调整方式的变化究竟对企业价值产生什么样的影响还缺乏足够的关注。资本结构调整速度受资本市场发展程度、宏观货币政策等许多因素影响，调整速度过快，可能会大幅度增加交易成本；而调整速度过慢又可能导致企业长期偏离最优资本结构而形成价值损失。从调整方式来看，资本结构调整可以通过负债和权益两种方式进行调整，而这两种调整方式受资本市场发展程度、企业规模和性质等多种因素影响，融资成本有较大差异，因此资本结构调整方式与企业价值之间的关系也缺乏针对性研究。

第三，资本结构是否要保持一定的稳定性，资本结构波动是否会影响企业价值还有待进一步研究。有研究表明，企业的资本结构会围绕其初始状态保持一定的稳定性（Lemmon et al.，2008；周开国等，2012）。但资本结构保持稳定和资本结构经常变动的企业，其价值是否存在显著差异，还没有明确结论。更进一步说，如果资本结构波动对企业价值有影响，那么哪些因素会推动资本结构波动，也还没有成熟的研究结论。

上述理论研究争议和空白领域的存在，使得资本结构领域的研究需要开创新的研究视角。资本结构波动就是一个比较合适的研究视角。首先，通过资本结构波动程度与企业价值变动之间的关系，可以更全面观察资本结构围绕目标结构波动时，企业价值变动趋势，检验最优资本结构的客观存在性；其次，研究资本结构调整速度、调整方式与资本结构波动之间的关系，以及资本结构波动对企业价值的影响，可以观察资本结构调整速度、方式对企业价值的作用效果，丰富资本结构动态调整理论的研究成果；最后，通过资本结构波动与企业价值之间的关系分析，以及影响资本结构波动的主要因素探讨，可以研讨资本结构稳定性对企业价值的客观贡献，进一步观察各主要因素变动如何引发资本结波动，从而对企业价值产生影响。

根据以上论述，本书研究的目的可以归纳如下：通过资本结构波动与企业价值、主要驱动因素之间的关系研究，进一步考察最优资本结构理论合理性，深化资本结构与企业价值研究的理论深度，完善资本结构动态调整理论。通过探索资本结构波动机理以及主要宏观、微观因素对企业资本结构波动的影响，发现我国企业资本结构波动主要驱动因素，寻求改善企业资本结构、提高企业价值的新途径。

本书研究的意义可以从理论和实践两方面进行总结。理论方面的研究意义有如下两方面：（1）通过资本结构波动机理以及主要驱动因素研究，构建资本结构波动研究框架，为深入研究提供逻辑基础；（2）通过研究资本结构波动与企业价值关系，探究资本结构波动的价值影响，形成资本结构动态调整研究的新思维。本书的现实意义在于：受企业自身因素和宏观金融体制的影响，我国许多企业存在不同程度的融资约束问题。近年随着我国经济发展不确定性因素增加，一些企业资本结构波动较大，引发价值减损。本书研究资本结构波动机理，结合我国不同类型企业特征和金融体制背景，提出控制资本结构波动，推动企业健康发展的针对性建议。

三、研究思路、研究内容和方法

（一）研究思路

从研究问题的方法论角度来看，研究事物首先要研究其产生机理，然后分析其影响因素及其对环境的影响，最后从社会发展角度提出对待事物解决问题的政策建议。按照这一研究逻辑路径，本书的研究思路如图1-4所示。

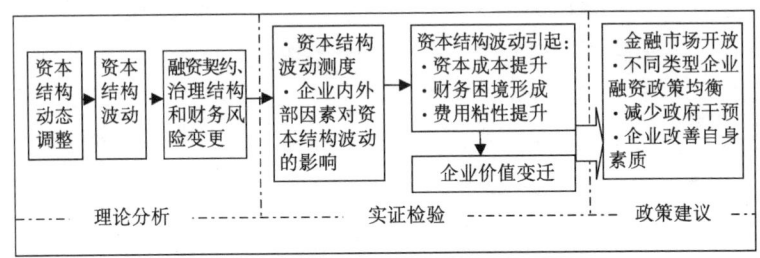

图1-4 本书研究思路

如图1-4所示，本书利用财务、金融、管理和公司治理等相关方面理论，界定资本结构波动概念，分析其产生的机理；运用数理分析方法，建立有效的资本结构波动计量模型和指标，在此基础上，探索企业内外部各类主要因素对资本结构波动的影响，剖析资本结构波动对企业价值的影响路径，提出研究假设，并运用上市公司财务数据对所提出的研究假设进行论证。在理论分析和实证检验确保研究结论成立的前提下，从政府政策、企业管理、市场监管等多个方面提出政策建议。

(二) 研究内容

根据研究思路，本书分为七章，主要探索以下四个方面内容：

1. 研究概述和理论基础

本部分主要概述研究的基本情况，提出研究的理论基础。本部分包括两章内容，第一章为绪论，主要介绍课题研究的背景、研究目的和意义、研究思路、研究内容和方法，借以概述全书。第二章为本书的理论研究基础，主要界定资本结构波动的概念，设计资本结构波动的计量方法，探讨资本结构波动与资本结构调整速度、调整方式之间的关系，从宏观、中观、微观三个层次研究企业资本结构波动机理，从交易成本、财务风险和公司治理效率三个不同方面阐释资本结构波动对企业价值的影响。

2. 资本结构波动驱动因素的实证研究

本书第三章根据第二章中有关资本结构波动机理研究成果，通过我国上市公司财务数据，运用实证研究方法，探寻宏观、中观、微观三个层次各种主要因素对资本结构波动的影响。宏观因素包括：宏观经济发展速度、货币政策；中观因素包括：区域市场化进程和政府干预程度、区域金融发展程度；微观因素包括：企业成长性、产权性质、资产规模、盈利能力。通过实证研究，明确各主要因素对资本结构波动的不同影响效果，验证了第二章资本结构波动机理研究结论。

3. 资本结构波动与企业价值关系的实证研究

本部分内容分三章，主要运用上市公司财务数据，利用实证研究方法，通过资本成本、财务困境和费用粘性三个不同视角检验第二章有关资本结构波动与企业价值关系的理论研究结论。其中，第四章主要分析资本结构波动对债务资本成本的推动作用，并结合宏观经济发展探索不同经济形势下资本结构波动对债务资本成本推动作用的非对称性；第五章主要检验资本结构波动的增大对企业财务困境的助推机能，探讨了我国市场化进程推进引发的资本结构波动对财务困境影响的抑制作用；第六章主要检验资本结构波动对费用粘性的强化作用，以及在不同产品竞争市场条件下资本结构波动对费用粘性影响的差异性。通过上述三章研究，进一步验证了资本结构波动对企业价值的不利影响。

4. 研究结论、政策建议与研究局限性

本书第七章根据前述各章研究的结论，总结资本结构波动的基本理论和实证研究成果，提出抑制资本结构波动、提升企业价值的政策建议，从研究视角、深度和方法方面明确本书研究的局限性，并指出后续研究的可能选题。

(三) 研究方法

根据前述研究内容和思路，本书的研究方法安排如下：(1) 以一定时期内企业资产负债率的标准差作为资本结构波动计量指标；(2) 采用规范研究和数理模型方法解析资本结构波动机理，考量企业内外部各方面因素对企业资本结构波动的影响路径和作用；(3) 建立数理模型诠释资本结构波动对企业价值影响原理；(4) 采用回归分析方法，收集各类企业财务数据，验证各种因素对我国企业资本结构波动推动作用以及资本结构波动对企业资本成本、财务困境成本和费用粘性的影响。

第二章
资本结构波动机理及价值影响理论分析

前述绪论为本书研究设计了整体框架，根据这一研究框架，本章首先界定资本结构波动概念，提出资本结构波动的数学计量方法，为后续理论研究提供概念及工具基础；其次，结合动态资本结构调整理论研究成果，厘清资本结构调整速度、调整方式与资本结构波动之间的关系；再次，运用资本结构理论研究的已有成果，探索资本结构波动的机理；最后，从交易成本、财务风险和治理结构等方面，寻求资本结构波动对企业价值的影响途径。通过本章的研究，从理论上将资本结构波动的原理、主要驱动因素和价值影响进行确认，为后续研究提供理论基础。

一、资本结构波动概述及数学计量

虽然资本结构理论研究存在不同的流派，但就资本结构不会保持固定不变这一命题各派理论都持一致意见。权衡理论认为，企业的资本结构受市场风险、融资成本、资本市场发展、企业发展战略等多因素影响，企业应及时调整资本结构，适应内外部环境因素变化。融资优序理论认为，企业应按照内源融资—债务融资—权益融资先后顺序安排融资，不必在意资本结构变动。信息不对称理论则认为，企业融资主要应关注融资决策对市场投资者的信号作用，而不是受制于某一特定的资产负债比例，只要企业内外部因素发生变化，不同筹资决策的作用信号就会有差异。根据这三大资本结构理论推演，只要企业内外部环境因素发生变化，企业的资本结构就会发生调整。

现实生活中，由于各种环境因素都处于持续变化中，因此企业的资本结构就不能保持稳定，而在不断发生变化。特别是自2010年以来，随着欧洲债务危机等市场不利因素影响，全球经济不确定因素增多，我国自2010年以后宏观经济增速持续走低，经济进入新常态，影响因素更复杂。而随着我国经济体制改革的深入，企业产品市场和资本市场政策不断变迁，这都会给企业融资带来持续冲击。

本书借助于权衡理论来推演和刻画资本结构波动的概念及数学计量。根据权衡理论，企业存在最佳资本结构，在资产负债率处于最佳资本结构时，企业价值最大。实务中，由于受多种因素变动影响，企业实际资本结构会偏离目标资本结构。当实际资本结构偏离目标资本结构达到一定的程度时，其对企业价值产生较

第二章 资本结构波动机理及价值影响理论分析

大的不利影响，因此企业会采取一定的措施调整资本结构，使其逐步回复到目标资本结构。由上所述，在一段时期内，企业的实际资本结构与目标资本结构存在"偏离—回复—偏离—回复"的关系，形成实际资本结构围绕目标资本结构上下波动。本书将这种实际资本结构围绕目标资本结构的上下波动界定为资本结构波动。根据这一定义，我们用图2-1来展示资本结构波动含义，并用数学方法对资本结构波动进行计量。

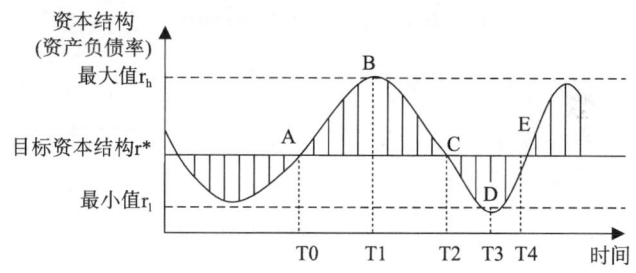

图2-1 资本结构波动示意图

图2-1中，曲线ABCDE描述了企业从T0到T4一个完整的资本结构动态调整周期。根据实际资本结构走势及其目标资本结构的关系，可以把这个完整的资本结构动态调整期间分为四个阶段：第一阶段，资本结构由r^*提升到最大值r_h；第二阶段，资本结构由r_h降低到r^*；第三阶段，资本结构由r^*降低到最小值r_l；第四阶段，资本结构由r_l提高至r^*。在两期调整过程中，曲线ABCDE和目标资本结构r^*水平线围成的面积大小，构成资本结构波动，面积越大，资本结构波动越大。如果把企业某一时期内实际资本结构随时间变化而变化的关系用函数关系$L = f(x)$表示，则图2-1中企业从T0到T4期资本结构波动y可以用以下公式衡量：

$$y = \int_{T0}^{T2} [f(t) - r^*] dt + \int_{T2}^{T4} [r^* - f(t)] dt \qquad (1)$$

二、资本结构波动与资本结构调整速度、调整方式关系演绎

(一)理论假设与不同调整方式下资本结构函数构建

考虑到资本结构影响因素较多,其随时间变动函数可能不规则,因此我们很难运用公式(1)来演绎资本结构波动及其与其他影响因素之间的数量关系。为便于研究,需要对企业资本结构动态调整过程做一些合理假设,并在这些合理假设条件下,改进资本结构波动计量条件,为后续研究提供数理基础。

为不失一般性,现假设某企业实际资产负债率 y 随时间 x 变动呈周期性波动,函数式为:

$$y = f(x) \qquad (2)$$

为简化论述,本书对宏微观环境做如下假设:

(1)影响资本结构的主要宏观经济因素(宏观经济形势、金融政策等)呈现周期性变化,周期为定值 T。

(2)企业资本结构调整速度均衡。

(3)资本结构调整不受融资规模限制,资本结构变动具有连续性。

(4)资本结构调整具有上下限,在一个资本结构调整周期内,当实际资本结构达到一个高点 r_h 时,企业会采取措施降低资产负债率;当实际资本结构达到一个低点 r_l 时,企业会采取措施提高资产负债率。

（5）资本结构调整的方向性，在一个资本结构调整周期内，当企业实际资本结构达到 r_h 时企业会采取措施持续降低实际资产负债率到 r_l，此后企业会采取措施持续提升资产负债率直至 r_h。

在以上假设条件下，我们对函数 $y=f(x)$ 根据具体情况进行进一步分析。在实务中，企业资本结构调整方式不同，而这种不同可能会带来资本结构波动幅度的差异，本书在此做进一步分析。资本结构调整方式可以从两个方面进行划分，一方面，按资本结构调整时，总资本是否发生变动分为总资本不变、总资本发生变动两种形式；另一方面，按资本结构调整时增加或减少资本的性质分为负债调整、权益调整和混合调整三种，因此结合上述思想，本书将资本结构调整方式做综合分类组合如表2-1所示。

表2-1　　　　资本结构调整方式综合分类表

资本结构调整渠道 \ 总资本变动情况	总资本不变	总资本变动
负债	方式Ⅰ：通过增加负债，减少所有者权益方式提高资产负债比率；通过减少负债，增加所有者权益方式降低资产负债比率	方式Ⅱ：通过增加负债，保持所有者权益不变的方式提高资产负债率；通过减少负债，保持所有者权益不变的方式降低资产负债率
所有者权益		方式Ⅲ：通过增加所有者权益，保持负债不变的方式降低资产负债率；通过减少所有者权益，保持负债不变的方式提高资产负债率
负债+所有者权益		方式Ⅳ：通过增加负债，保持所有者权益不变方式提高资产负债率；通过增加所有者权益，保持负债不变的方式降低资产负债率

1. 方式Ⅰ下企业资本结构波动函数

在这一调整方式下,企业每次增加负债 Δ,就必须减少所有者权益 Δ;如果减少负债 Δ,就必须增加所有者权益 Δ。假定企业总资产规模为 a,初始阶段资产负债率为 $r^* = (r_h + r_l)/2$,随着资本结构调整开始,企业资本结构由 r^* 向上调整到 r_h,再由 r_h 向下调整到 r_l,最后向上调整到 r^*,回复到初始状态。企业每单位时间内完成 Δ 金额的资本调整额度,即每单位时间内增加负债 Δ,降低所有者权益 Δ,或增加所有者权益 Δ,降低负债 Δ。则企业在一个资本结构调整周期内各阶段实际资本结构与时间的函数关系如表表 2-2、表 2-3 和表 2-4 所示。

(1) 阶段一:资本结构由 r^* 往上调整到 r_h。

表 2-2 方式Ⅰ下资本结构由 r^* 往上调整到 r_h 资本结构波动函数

时间	资产	负债	资产负债率
0	a	ar^*	$r^* = (r_h + r_l)/2$
1	a	$ar^* + \Delta$	$r^* + \Delta/a$
…	…	…	…
x	a	$ar^* + \Delta x$	$r^* + \Delta/a\ x$
$a(r_h - r_l)/(2\Delta)$	a	ar_h	r_h

从表 2-2 可以看出,当资本结构调整速度均衡时,每单位时间资产负债率都增加 Δ/a,r_h 与 r^* 相差 $(r_h - r_l)/2$,需要调整的时间是 $[(r_h - r_l)/2]/(\Delta/a)$,即 $a(r_h - r_l)/(2\Delta)$。

(2) 阶段二和阶段三:资本结构由 r_h 往下调整到 r_l。

表 2-3 方式Ⅰ下资本结构由 r_h 往下调整到 r_l 资本结构波动函数

时间	资产	负债	资产负债率
$a(r_h - r_l)/(2\Delta)$	a	ar_h	r_h

第二章 资本结构波动机理及价值影响理论分析

续表

时间	资产	负债	资产负债率
$a(r_h - r_l)/(2\Delta) + 1$	a	$ar_h - \Delta$	$r_h - \Delta/a$
...	...	...	...
$a(r_h - r_l)/\Delta$	a	ar^*	r^*
...	...	...	...
x	a	$ar_h - \Delta[x - a(r_h - r_l)/(2\Delta)]$	$r_h - \Delta[x - a(r_h - r_l)/(2\Delta)]/a$
$3a(r_h - r_l)/(2\Delta)$	a	ar_l	r_l

(3)阶段四：资本结构由 r_l 往上调整到 r^*。

表2-4 方式Ⅰ下资本结构由 r_l 往上调整到 r^* 资本结构波动函数

时间	资产	负债	资产负债率
$3a(r_h - r_l)/(2\Delta)$	a	ar_l	r_l
$3a(r_h - r_l)/(2\Delta) + 1$	a	$ar_l + \Delta$	$r_l + \Delta/a$
...	...	...	...
x	a	$ar_l + \Delta[x - 3a(r_h - r_l)/(2\Delta)]$	$r_l + \Delta[x - 3a(r_h - r_l)/(2\Delta)]/a$
$2a(r_h - r_l)/\Delta$	a	ar^*	r^*

由此可知，函数在一个周期 $[0, 2a(r_h - r_l)/\Delta]$ 内，其表达式计算如表2-5所示。

表2-5 方式Ⅰ下一个周期内资本结构波动函数

阶段	时间区间	函数表达式 f(x)	斜率	时间长度
一	$[0, a(r_h - r_l)/(2\Delta)]$	$y = r^* + \Delta/ax$	Δ/a	$a(r_h - r_l)/(2\Delta)$
二	$[a(r_h - r_l)/(2\Delta), a(r_h - r_l)/\Delta]$	$y = r_h - \Delta[x - a(r_h - r_l)/(2\Delta)]/a$	$-\Delta/a$	$a(r_h - r_l)/(2\Delta)$

续表

阶段	时间区间	函数表达式 f(x)	斜率	时间长度
三	$[a(r_h-r_l)/\Delta, 3a(r_h-r_l)/(2\Delta)]$	$y = r_h - \Delta[x - a(r_h-r_l)/(2\Delta)]/a$	$-\Delta/a$	$a(r_h-r_l)/(2\Delta)$
四	$[3a(r_h-r_l)/(2\Delta), 2a(r_h-r_l)/\Delta]$	$y = r_l + \Delta[x - 3a(r_h-r_l)/(2\Delta)]/a$	Δ/a	$a(r_h-r_l)/(2\Delta)$

由表2-5可知，函数f(x)在一个周期$[0, 2a(r_h-r_l)/\Delta]$内，以点$a(r_h-r_l)/\Delta, r^*$中心对称；在期间$[0, a(r_h-r_l)/\Delta]$和$[a(r_h-r_l)/\Delta, 2a(r_h-r_l)/\Delta]$内，分别围绕直线$x = a(r_h-r_l)/(2\Delta)$和$x = 3a(r_h-r_l)/(2\Delta)$呈轴对称，如图2-2所示。

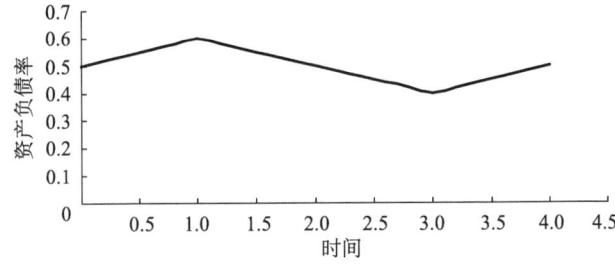

图2-2 总资产不变条件下资本结构波动周期函数示意图

假定资本结构波动上下限(0.4、0.6)，假定a为100，Δ为10，函数图像如图2-3所示。

图2-3 方式Ⅰ下资本结构波动函数图像

2. 方式Ⅱ下企业资本结构波动函数

在现实生活中，企业资本结构的调整往往不是控制资本总量不变，而是通过增加或减少资本总量方式实现。我国大多数企业并不是上市公司，且证监会对上市公司股票融资也有严格限制，因此企业主要通过负债的增减来调整资本结构。假定企业所有税后利润都用于股利分配，所有亏损由股东投资弥补，因此权益资本保持不变；企业初期总资产为 a，资产负债率为 $r^* = (r_h + r_l)/2$，在周期的第一阶段，企业资本结构由 r^* 向上调整到 r_h，企业每单位时间增加 Δ 负债，直至资产负债率达到 r_h；第二阶段，企业资本结构由 r_h 向下调整到 r^*，企业每单位时间减少 Δ 负债，直至资产负债率达到 r^*；第三阶段，企业资本结构由 r^* 向下调整到 r_l，企业每单位时间减少 Δ 负债，直至资产负债率达到 r_l；第四阶段，企业资本结构由 r_l 向上调整到 r^*，企业每单位时间增加 Δ 负债，直至资产负债率达到 r^*，回复到初始状态。则企业在一个资本结构调整周期内实际资本结构与时间的函数关系如下：

（1）阶段一：资本结构由 r^* 往上调整到 r_h。当资本结构由 r^* 往上调整到 r_h 时，企业每次调整增加 Δ 负债，同时总资产增加 Δ，本阶段调整资本结构变动情况计算如表 2-6 所示。

表 2-6　方式Ⅱ下资本结构 r^* 往上调整到 r_h 资本结构波动函数

时间	资产	负债	资产负债率
0	a	ar^*	$r^* = (r_h + r_l)/2$
1	$a + \Delta$	$ar^* + \Delta$	$(ar^* + \Delta)/(a + \Delta)$
2	$a + 2\Delta$	$ar^* + 2\Delta$	$(ar^* + 2\Delta)/(a + 2\Delta)$
…	…	…	…
x	$a + \Delta x$	$(ar^* + \Delta x)$	$(ar^* + \Delta x)/(a + \Delta x)$

续表

时间	资产	负债	资产负债率
$a(r_h - r_l)/[2\Delta(1 - r_h)]$	$a + a(r_h - r_l)/[2(1 - r_h)]$	$ar^* + a(r_h - r_l)/[2(1 - r_h)]$	r_h

（2）阶段二：资本结构由 r_h 往下调整到 r^*。当资本结构由 r_h 往下调整到 r^* 时，企业每次调整减少 Δ 负债，同时总资产减少 Δ。为计算方便，我们令 $b = a(r_h - r_l)/[2\Delta(1 - r_h)]$，则本阶段调整资本结构变动情况计算如表 2-7 所示。

表 2-7　方式 II 下资本结构由 r_h 往下调整到 r^* 资本结构波动函数

时间	资产	负债	资产负债率
b	$a + b\Delta$	$ar^* + b\Delta$	r_h
$b+1$	$a + (b-1)\Delta$	$ar^* + (b-1)\Delta$	$[ar^* + (b-1)\Delta]/[a + (b-1)\Delta]$
$b+2$	$a + (b-2)\Delta$	$ar^* + (b-2)\Delta$	$[ar^* + (b-2)\Delta]/[a + (b-2)\Delta]$
…	…	…	…
x	$a + (2b-x)\Delta$	$ar^* + (2b-x)\Delta$	$[ar^* + (2b-x)\Delta]/[a + (2b-x)\Delta]$
$2b$	a	ar^*	r^*

考虑到资本结构往下调整到 r^* 时，由于调整速度相同，因此在时点 $b+1$ 以及时点 $b-1$ 上，其资产都会比时点 $a(r_h - r_l)/[2\Delta(1 - r_h)]$ 资产减少 Δ，负债也减少 Δ，因此二者具有相同的资产负债率，以此类推直到 $2b$ 时点，其资产和负债必然与 0 时点相同。从这一点来看，当资本结构由 r_h 往下调整到 r^* 时，资本结构变动的轨迹与当资本结构由 r^* 往上调整到 r_h 时的轨迹在直线 $x = b$ 呈轴对称。

(3) 阶段三：资本结构由 r^* 往下调整到 r_l。当资本结构由 r^* 往下调整到 r_l 时，企业每次调整减少 Δ 负债，同时总资产减少 Δ。为计算方便，我们令 $b = a(r_h - r_l)/[2\Delta(1 - r_h)]$，则本阶段调整资本结构变动情况计算如表 2-8 所示。

表 2-8　方式 II 下资本结构由 r^* 往下调整到 r_l 资本结构波动函数

时间	资产	负债	资产负债率
$2b$	a	ar^*	$r^* = (r_h + r_l)/2$
$2b+1$	$a - \Delta$	$ar^* - \Delta$	$(ar^* - \Delta)/(a - \Delta)$
…	…	…	…
x	$a - \Delta(x - 2b)$	$ar^* - \Delta(x - 2b)$	$[ar^* - \Delta(x - 2b)]/[a - \Delta(x - 2b)]$
$2b + a(r_h - r_l)/[2\Delta(1 - r_l)]$	$a - a(r_h - r_l)/[2(1 - r_l)]$	$ar^* - a(r_h - r_l)/[2(1 - r_l)]$	r_l

(4) 阶段四：资本结构由 r_l 往上调整到 r^*。当资本结构由 r_l 往上调整到 r^* 时，企业每次调整增加 Δ 负债，同时总资产增加 Δ。为计算方便，我们令 $c = a(r_h - r_l)/[2\Delta(1 - r_l)]$，则本阶段调整资本结构变动情况计算如表 2-9 所示。

表 2-9　方式 II 下资本结构由 r_l 往上调整到 r^* 资本结构波动函数

时间	资产	负债	资产负债率
$2b + c$	$a - c\Delta$	$ar^* - c\Delta$	r_l
$2b + c + 1$	$a + (1 - c)\Delta$	$ar^* + (1 - c)\Delta$	$[ar^* + (1 - c)\Delta]/[a + (1 - c)\Delta]$
…	…	…	…
x	$a + (x - 2b - 2c)\Delta$	$ar^* + (x - 2b - 2c)\Delta$	$[ar^* + (x - 2b - 2c)\Delta]/[a + (x - 2b - 2c)\Delta]$
$2b + 2c$	a	ar^*	r^*

考虑到资本结构往上调整到 r^* 时,由于调整速度相同,因此在时点 $2b+c+1$ 以及时点 $2b+c-1$ 上,其资产都会比时点 $2b+c$ 资产增加 Δ,负债也增加 Δ,因此二者具有相同的资产负债率,以此类推直到 $2b+2c$ 时点,其资产和负债必然与 $2b$ 时点相同。从这一点来看,当资本结构由 r_l 往下调整到 r^* 时,资本结构变动的轨迹与当资本结构由 r^* 往下调整到 r_l 时的轨迹在直线 $x=2b+c$ 两侧呈轴对称。

总结表2-6、表2-7、表2-8和表2-9,我们将在调整方式Ⅱ下资本结构随时间推移具体变动的函数式总结如表2-10所示。

表2-10　　方式Ⅱ下一个周期资本结构波动函数计算表

阶段	时间区间	函数表达式 f(x)	资本结构平均调整速度
一	[0, b]	$f(x) = (ar^* + \Delta x)/(a + \Delta x)$ $= r^* + \Delta(1 - r^*)x/(a + \Delta x)$	$(r_h - r^*)/b$
二	[b, 2b]	$f(x) = [ar^* + (2b - x)\Delta]/$ $[a + (2b - x)\Delta]$	$(r_h - r^*)/b$
三	[2b, 2b+c]	$f(x) = [ar^* - \Delta(x - 2b)]/[a - \Delta(x - 2b)] = r^* - \Delta(1 - r^*)$ $(x - 2b)/[a - \Delta(x - 2b)]$	$(r^* - r_l)/c$
四	[2b+c, 2b+2c]	$f(x) = [ar^* + (x - 2b - 2c)\Delta]/[a + (x - 2b - 2c)\Delta]$	$(r^* - r_l)/c$

假定资本结构波动上下限为(0.4、0.6),a 为100,Δ 为10,函数图像如图2-4所示。

3. 方式Ⅲ下企业资本结构波动函数

虽然在实务中,所有者权益增减难度要大于负债调整,但本书还是要关注这一特殊调整方式。假定企业保持负债不变,资本结构调整主要通过权益资本增减完成。假定企业初期总资产为

第二章 资本结构波动机理及价值影响理论分析

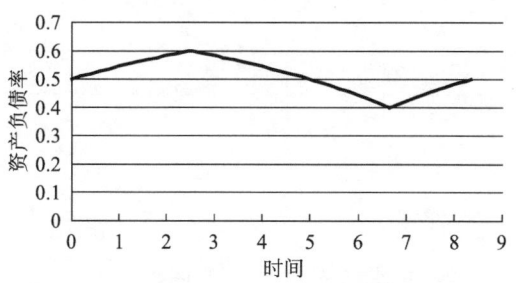

图 2-4 方式Ⅱ下资本结构波动函数图像

a,资产负债率为 $r^* = (r_h + r_l)/2$,在周期的第一阶段,企业资本结构由 r^* 向上调整到 r_h,企业每单位时间减少 Δ 所有者权益,直至资产负债率达到 r_h;第二阶段,企业资本结构由 r_h 向下调整到 r^*,企业每单位时间增加 Δ 所有者权益,直至资产负债率达到 r^*;第三阶段,企业资本结构由 r^* 向下调整到 r_l,企业每单位时间增加 Δ 所有者权益,直至资产负债率达到 r_l;第四阶段,企业资本结构由 r_l 向上调整到 r^*,企业每单位时间减少 Δ 所有者权益,直至资产负债率达到 r^*,回复到初始状态。则企业在一个资本结构调整周期内实际资本结构与时间的函数关系如下:

(1) 阶段一:资本结构由 r^* 往上调整到 r_h。当资本结构由 r^* 往上调整到 r_h 时,企业每次调整减少 Δ 所有者权益,同时减少总资产 Δ,则本阶段调整资本结构变动情况计算如表 2-11 所示。

表 2-11 方式Ⅲ下资本结构由 r^* 往上调整到 r_h 资本结构波动函数

时间	资产	负债	资产负债率
0	a	ar^*	$r^* = (r_h + r_l)/2$
1	$a - \Delta$	ar^*	$ar^* / (a - \Delta)$
2	$a - 2\Delta$	ar^*	$ar^* / (a - \Delta)$

续表

时间	资产	负债	资产负债率
...	...	...	...
x	$a - \Delta x$	ar^*	$ar^*/(a - \Delta x)$
$a(r_h - r^*)/(\Delta r_h)$	ar^*/r_h	ar^*	r_h

（2）阶段二：资本结构由 r_h 往下调整到 r^*。当资本结构由 r_h 往下调整到 r^* 时，企业每次调整增加 Δ 所有者权益，同时增加总资产 Δ。为计算方便，我们令 $b = a(r_h - r^*)/(\Delta r_h)$，则本阶段调整资本结构变动情况计算如表 2-12 所示。

表 2-12　方式Ⅲ下资本结构由 r_h 往下调整到 r^* 资本结构波动函数

时间	资产	负债	资产负债率
b	ar^*/r_h	ar^*	r_h
b+1	$ar^*/r_h + \Delta$	ar^*	$ar^*/(ar^*/r_h + \Delta)$
b+2	$ar^*/r_h + 2\Delta$	ar^*	$ar^*/(ar^*/r_h + \Delta)$
...	...	...	...
x	$ar^*/r_h + (x-b)\Delta$	ar^*	$ar^*/[ar^*/r_h + (x-b)\Delta]$
2b	a	ar^*	r^*

考虑到资本结构往下调整到 r^* 时，由于调整速度相同，因此在时点 b+1 以及时点 b-1 上，其资产都会比时点 $a(r_h - r_l)/[2\Delta(1 - r_h)]$ 资产增加 Δ，所有者权益也增加 Δ，因此二者具有相同的资产负债率，以此类推直到 2b 时点，其资产和负债必然与 0 时点相同。从这一点来看，当资本结构由 r_h 往下调整到 r^* 时，资本结构变动的轨迹与当资本结构由 r^* 往上调整到 r_h 时的轨迹在直线 x = b 呈轴对称。

（3）阶段三：资本结构由 r^* 往下调整到 r_l。当资本结构由

r^* 往下调整到 r_1 时,企业每次调整增加 Δ 所有者权益,同时增加总资产 Δ。为计算方便,我们令 $b = a(r_h - r^*)/(\Delta r_h)$,则本阶段调整资本结构变动情况计算如表 2-13 所示。

表 2-13　方式Ⅲ下资本结构由 r^* 往下调整到 r_1 资本结构波动函数

时间	资产	负债	资产负债率
2b	a	ar^*	$r^* = (r_h + r_1)/2$
2b+1	$a+\Delta$	ar^*	$ar^*/(a+\Delta)$
…	…	…	…
x	$a+(x-2b)\Delta$	ar^*	$ar^*/[a+(x-2b)\Delta]$
$(ar^* - ar_1)/(r_1\Delta) + 2b$	ar^*/r_1	ar^*	r_1

(4)阶段四:资本结构由 r_1 往上调整到 r^*。当资本结构由 r_1 往上调整到 r^* 时,企业每次调整减少 Δ 所有者权益,同时减少总资产 Δ,令 $c = (ar^* - ar_1)/(r_1\Delta)$,则本阶段调整资本结构变动情况计算如表 2-14 所示。

表 2-14　方式Ⅲ下资本结构由 r_1 往上调整到 r^* 资本结构波动函数

时间	资产	负债	资产负债率
2b+c	ar^*/r_1	ar^*	r_1
2b+c+1	$ar^*/r_1 - \Delta$	ar^*	$ar^*/(ar^*/r_1 - \Delta)$
…	…	…	…
x	$ar^*/r_1 - (x-2b-c)\Delta$	ar^*	$ar^*/[ar^*/r_1 - (x-2b-c)\Delta]$
2b+2c	a	ar^*	r^*

考虑到资本结构往上调整到 r^* 时,由于调整速度相同,因此在时点 $2b+c+1$ 以及时点 $2b+c-1$ 上,其资产都会比时点 $2b+c$ 资产减少 Δ,所有者权益也减少 Δ,因此二者具有相同的资产负债率,以此类推直到 $2b+2c$ 时点,其资产和负债必然与

2b 时点相同。从这一点来看，当资本结构由 r_l 往上调整到 r^* 时，资本结构变动的轨迹与当资本结构由 r^* 往下调整到 r_l 时的轨迹在直线 $x = 2b + c$ 呈轴对称。

总结表 2-11、表 2-12、表 2-13 和表 2-14，我们将在调整方式Ⅲ下资本结构随时间推移具体变动的函数式总结如表 2-15 所示。

表 2-15　方式Ⅲ下一个周期资本结构波动函数计算表

阶段	时间区间	函数表达式 f(x)	资本结构平均调整速度
一	[0, b]	$f(x) = ar^* / (a - \Delta x) = r^* + r^* \Delta x / (a - \Delta x)$	$(r_h - r^*)/b$
二	[b, 2b]	$f(x) = ar^* / [ar^*/r_h + (x - b)\Delta]$	$(r_h - r^*)/b$
三	[2b, 2b + c]	$f(x) = ar^* / [a + (x - 2b)\Delta]$ $= r^* - r^*(x - 2b)\Delta / [a + (x - 2b)\Delta]$	$(r^* - r_l)/c$
四	[2b + c, 2b + 2c]	$f(x) = ar^* /$ $[ar^*/r_l - (x - 2b - c)\Delta]$	$(r^* - r_l)/c$

4. 方式Ⅳ下企业资本结构波动函数

方式Ⅲ资本结构调整方式在实务中更罕见，其操作方式如下：假定企业初期总资产为 a，资产负债率为 $r^* = (r_h + r_l)/2$，在周期的第一阶段，企业资本结构由 r^* 向上调整到 r_h，企业每单位时间增加 Δ 负债，直至资产负债率达到 r_h；第二阶段，企业资本结构由 r_h 向下调整到 r^*，企业每单位时间增加 Δ 所有者权益，直至资产负债率达到 r^*；第三阶段，企业资本结构由 r^* 向下调整到 r_l，企业每单位时间增加 Δ 所有者权益，直至资产负债率达到 r_l，第四阶段，企业资本结构由 r_l 向下调整到 r^*，企业每单位时间增加 Δ 负债，直到回复到初始状态。则企业在一个资本结构调整周期内实际资本结构与时间的函数关系如下：

（1）阶段一：资本结构由 r^* 往上调整到 r_h。当资本结构由 r^* 往上调整到 r_h 时，企业每次调整增加 Δ 负债，同时总资产增加 Δ，本阶段调整资本结构变动情况计算如表 2-16 所示。

表 2-16　方式Ⅳ下资本结构由 r^* 往上调整到 r_h 资本结构波动函数

时间	资产	负债	资产负债率
0	a	ar^*	$r^*=(r_h+r_l)/2$
1	$a+\Delta$	$ar^*+\Delta$	$(ar^*+\Delta)/(a+\Delta)$
2	$a+2\Delta$	$ar^*+2\Delta$	$(ar^*+2\Delta)/(a+2\Delta)$
…	…	…	…
x	$a+\Delta x$	$(ar^*+\Delta x)$	$(ar^*+\Delta x)/(a+\Delta x)$
$a(r_h-r_l)/[2\Delta(1-r_h)]$	$a+a(r_h-r_l)/[2(1-r_h)]$	$ar^*+a(r_h-r_l)/[2(1-r_h)]$	r_h

（2）阶段二：资本结构由 r_h 往下调整到 r^*。当资本结构由 r_h 往下调整到 r^* 时，企业每次调整增加 Δ 所有者权益，同时增加总资产 Δ。为计算方便，我们令 $b=a(r_h-r_l)/[2\Delta(1-r_h)]$，则本阶段调整资本结构变动情况计算如表 2-17 所示。

表 2-17　方式Ⅳ下资本结构由 r_h 往下调整到 r^* 资本结构波动函数

时间	资产	负债	资产负债率
b	$a+b\Delta$	$ar^*+b\Delta$	r_h
b+1	$a+(b+1)\Delta$	$ar^*+b\Delta$	$(ar^*+b\Delta)/[a+(b+1)\Delta]$
b+2	$a+(b+2)\Delta$	$ar^*+b\Delta$	$(ar^*+b\Delta)/[a+(b+2)\Delta]$
…	…	…	…
x	$a+x\Delta$	$ar^*+b\Delta$	$(ar^*+b\Delta)(a+x\Delta)$
b/r^*	$a+b\Delta/r^*$	$ar^*+b\Delta$	r^*

（3）阶段三：资本结构由 r^* 往下调整到 r_1。当资本结构由 r^* 往下调整到 r_1 时，企业每次调整增加 Δ 所有者权益，同时增加总资产 Δ。为计算方便，我们令 $c = b/r^*$，则本阶段调整资本结构变动情况计算如表 2-18 所示。

表 2-18　方式Ⅳ下资本结构由 r^* 往下调整到 r_1 资本结构波动函数

时间	资产	负债	资产负债率
c	$a + c\Delta$	$ar^* + b\Delta$	r^*
c+1	$a + (c+1)\Delta$	$ar^* + b\Delta$	$(ar^* + b\Delta)/[a+(c+1)\Delta]$
c+2	$a + (c+2)\Delta$	$ar^* + b\Delta$	$(ar^* + b\Delta)/[a+(c+2)\Delta]$
…	…	….	
x	$a + x\Delta$	$ar^* + b\Delta$	$(ar^* + b\Delta)/(a + x\Delta)$
$[a(r^* - r_1) + b\Delta]/(\Delta r_1)$	$a + [a(r^* - r_1) + b\Delta]/r_1$	$ar^* + b\Delta$	r_1

（4）阶段四：资本结构由 r_1 往上调整到 r^*。当资本结构由 r_1 往上调整到 r^* 时，企业每次调整增加 Δ 负债，同时总资产增加 Δ。为计算方便，我们令 $d = [a(r^* - r_1) + b\Delta]/(\Delta r_1)$，则本阶段调整资本结构变动情况计算如表 2-19 所示。

表 2-19　方式Ⅳ下资本结构由 r_1 往上调整到 r^* 资本结构波动函数

时间	资产	负债	资产负债率
d	$a + d\Delta$	$ar^* + b\Delta$	r_1
d+1	$a + (d+1)\Delta$	$ar^* + (b+1)\Delta$	$[ar^* + (b+1)\Delta]/[a+(d+1)\Delta]$
d+2	$a + (d+2)\Delta$	$ar^* + (b+2)\Delta$	$[ar^* + (b+2)\Delta]/[a+(d+2)\Delta]$

续表

时间	资产	负债	资产负债率
…	…	…	…
x	$a + x\Delta$	$ar^* + (b + x - d)\Delta$	$[ar^* + (b + x - d)\Delta]/(a + x\Delta)$
e	$a + e\Delta$	$r^*(a + e\Delta)$	r^*

注：$e = (d - b)/(1 - r^*)$

总结表 2 - 16、表 2 - 17、表 2 - 18 和表 2 - 19，我们将在调整方式Ⅳ下资本结构随时间推移具体变动的函数式总结如表 2 - 20 所示。

表 2 - 20　方式Ⅳ下资本结构一个周期资本结构波动函数

阶段	时间区间	函数表达式 f (x)	资本结构平均调整速度
一	[0, b]	$f(x) = (ar^* + \Delta x)/(a + \Delta x)$ $= r^* + \Delta(1 - r^*)x/(a + \Delta x)$	$(r_h - r^*)/b$
二	[b, c]	$f(x) = (ar^* + b\Delta)(a + x\Delta)$ $= r^* + \Delta(b - r^*x)/(a + \Delta x)$	$(r_h - r^*)/c$
三	[c, d]	$f(x) = (ar^* + b\Delta)/(a + x\Delta)$ $= r^* + \Delta(b - r^*x)/(a + \Delta x)$	$(r^* - r_l)/d$
四	[d, e]	$f(x) = [ar^* + (b + x - d)\Delta]/(a + x\Delta)$ $= r^* + \Delta[(1 - r^*)x + b - d]/(a + \Delta x)$	$(r^* - r_l)/e$

从表 2 - 20 可以看出，在方式Ⅳ下，一个周期的四个阶段时间长度各不相同，因此不存在对称性，这与其他三种方式有很大不同。

（二）不同调整方式下资本结构波动幅度计算分析

根据三类资本结构调整方式下资本结构波动计算公式，我们对四类资本结构调整方式下资本结构波动情况进行分别讨论。

1. 方式Ⅰ下资本结构波动幅度计算

根据表 2-5 的结论,一个周期内资本结构波动幅度的计算公式可以分区间进行计算。根据三角形面积计算公式,各区间资本结构波动幅度计算如表 2-21 所示。

表 2-21 方式Ⅰ下一个周期内各阶段资本结构波动幅度计算

阶段	时间区间	时间长度	高度	F 值
一	$[0, a(r_h - r_l)/(2\Delta)]$	$a(r_h - r_l)/(2\Delta)$	$(r_h - r^*)$	$[a(r_h - r_l)/(2\Delta)](r_h - r^*)/2$
二	$[a(r_h - r_l)/(2\Delta), a(r_h - r_l)/\Delta]$	$a(r_h - r_l)/(2\Delta)$	$(r_h - r^*)$	$[a(r_h - r_l)/(2\Delta)](r_h - r^*)/2$
三	$[a(r_h - r_l)/\Delta, 3a(r_h - r_l)/(2\Delta)]$	$a(r_h - r_l)/(2\Delta)$	$(r^* - r_l)$	$[a(r_h - r_l)/(2\Delta)](r^* - r_l)/2$
四	$[3a(r_h - r_l)/(2\Delta), 2a(r_h - r_l)/\Delta]$	$a(r_h - r_l)/(2\Delta)$	$(r^* - r_l)$	$[a(r_h - r_l)/(2\Delta)](r^* - r_l)/2$

由于在方式Ⅰ下各阶段资本结构波动幅度相同,因此一个周期内资本结构波动幅度 F 值就等于 $a(r_h - r_l)(r_h - r^*)/\Delta$。

2. 方式Ⅱ下资本结构波动幅度计算

根据表 2-10 的分析,我们将 $y = f(x)$ 的函数图像描绘如图 2-5 所示。

在图 2-5 中,函数 $f(x)$ 在 $[0, 2b]$ 期间围绕直线 $x = b$ 呈轴对称;在 $[2b, 2b + 2c]$ 期间围绕直线 $x = 2b + c$ 呈轴对称;由于 $c < b$,$(r_h - r^*) = (r^* - r_l)$,因此从理论上说,如果企业资本结构连续调整的金额维持不变,则资本结构由 r^* 往上调整到 r_h 的时间要大于由 r^* 往下调整到 r_l 的时间。这与闵亮等(2011)研究结果并不相同,可能是在我国企业资本结构往上调整时,平均

第二章 资本结构波动机理及价值影响理论分析

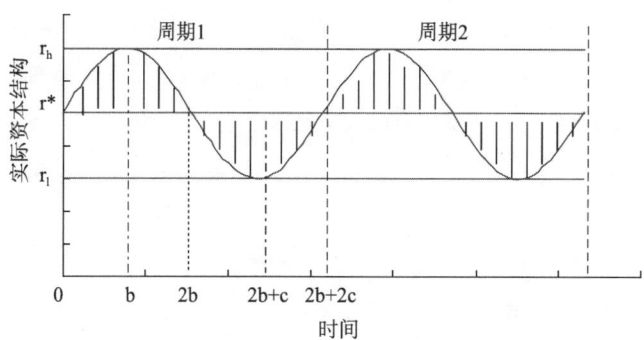

图 2-5 实际资本结构与时间函数图像示意图

一次增加的负债金额要大于资本结构往下调整时一次减少的负债金额，因此导致理论与实践存在差异。

在图 2-5 中，周期波动的曲线代表随时间变化而变化的实际资本结构，由实际资本结构曲线和资本结构均值 $y = r^*$ 构成的阴影部分面积代表了企业资本结构波动幅度。由于资本结构线呈现曲线，我们可以利用定积分方法求取资本结构波动幅度。根据定积分原理，在期间 $[0, 2b+2c]$ 范围内，企业资本结构波动幅度 F 可以按以下公式计算：

$$F = \int_0^{2b} [f(x) - r^*] dx + \int_{2b}^{2b+2c} [r^* - f(x)] dx \quad (3)$$

鉴于函数 $y = f(x)$ 的对称性，式（2）又可简化计算为：

$$F = 2\int_0^b [f(x) - r^*] dx + 2\int_{2b}^{2b+c} [r^* - f(x)] dx$$

$$= 2\int_0^b \frac{\Delta(1-r^*)x}{a+\Delta x} dx + 2\int_{2b}^{2b+c} \frac{\Delta(1-r^*)(x-2b)}{a-\Delta(x-2b)} dx$$

$$= 2(1-r^*)\left[b - c - \frac{a\ln(1+\frac{\Delta b}{a}) + a\ln(1-\frac{\Delta c}{a})}{\Delta}\right] \quad (4)$$

3. 方式Ⅲ下资本结构波动幅度计算

在方式Ⅲ下，资本结构波动图像也可以用图 2-5 表示。在图 2-5 中，函数 f(x) 在 [0,2b] 期间围绕直线 x = b 呈轴对称；在 [2b,2b+2c] 期间围绕直线 x = 2b+c 呈轴对称。由于 b = a(r_h - r^*)/(Δr_h)，c = (ar^* - ar_l)/($r_l\Delta$)，在分子相同的情况下，Δr_h 大于 Δr_l，因此 b 小于 c。

由于方式Ⅲ下资本结构波动也非直线变化，我们还需要利用定积分办法计算资本结构波动。根据公式（2）以及函数 y = f(x) 的对称性，在方式Ⅲ下，资本结构波动幅度 F 的计算公式如下：

$$F = 2\int_0^b [f(x) - r^*]dx + 2\int_{2b}^{2b+c}[r^* - f(x)]dx$$

$$= 2\Delta r^* \int_0^b \frac{x}{a - \Delta x}dx + 2\Delta r^* \int_{2b}^{2b+c} \frac{(x - 2b)}{a + \Delta(x - 2b)}dx$$

$$2\Delta r^* \int_0^b \frac{x}{a - \Delta x}dx = 2r^* \int_0^b \frac{\Delta x - a + a}{a - \Delta x}dx$$

$$= -2r^* x \Big|_0^b + 2r^* \int_0^b \frac{a}{a - \Delta x}dx$$

设 $a - \Delta x = u$，$dx = -du/\Delta$

$$\int_0^b \frac{a}{a - \Delta x}dx = \int_a^{a-\Delta b} -\frac{adu}{\Delta u} = \frac{a}{\Delta}\Big|_{a-\Delta b}^a$$

$$2\Delta r^* \int_0^b \frac{x}{a - \Delta x}dx = -2r^*b + \frac{2r^*a}{\Delta}[\ln a - \ln(a - \Delta b)]$$

设 $x - 2b = m$，$dm = dx$

$$2\Delta r^* \int_{2b}^{2b+c} \frac{(x - 2b)}{a + \Delta(x - 2b)}dx = 2r^* \int_0^c \frac{a + \Delta m - a}{a + \Delta m}dm$$

$$= 2r^* x \Big|_0^c - 2r^* \int_0^c \frac{a}{a + \Delta m}dm$$

设 $a + \Delta m = u$，$dm = du/\Delta$

$$2\Delta r^* \int_0^b \frac{x}{a - \Delta x} dx = 2r^*c - 2r^* \int_a^{a+\Delta c} \frac{a}{\Delta u} du$$

$$= 2r^*c - \frac{2r^*a}{\Delta} \ln u \Big|_a^{a+c}$$

$$= 2r^*c - \frac{2r^*a}{\Delta} [\ln(a + \Delta c) - \ln a]$$

由上,$F = -2r^*b + \frac{2r^*a}{\Delta}[\ln a - \ln(a - \Delta b)] + 2r^*c -$

$\frac{2r^*a}{\Delta}[\ln(a + \Delta c) - \ln a]$

$$= 2r^* \{c - b + \frac{a}{\Delta}[2\ln a - \ln(a - \Delta b) - \ln(a + \Delta c)]\} \quad (5)$$

4. 方式Ⅳ下资本结构波动幅度计算

由于方式Ⅳ下资本结构波动也非直线变化，我们还需要利用定积分办法计算资本结构波动。由于在方式Ⅳ下资本结构波动在一个周期的四个阶段不存在对称性，我们需要根据四个阶段资本结构函数特征分别计算资本结构波动幅度，然后再计算一个周期内资本结构整体波动幅度。

（1）[0,b]期间资本结构波动幅度。方式Ⅳ下[0,b]期间资本结构与方式Ⅱ相同，因此其资本结构波动幅度 F 计算如下：

$$F = (1 - r^*) \left[b - \frac{a \ln(1 + \frac{\Delta b}{a})}{\Delta} \right]$$

（2）[b,c]期间资本结构波动幅度。根据资本结构波动幅度计算公式，F 计算如下：

$$F = \int_b^c \frac{\Delta(b - r^*x)}{a + \Delta x} dx$$

对上式进行整理，设 $a + \Delta x = u$，则 $du = \Delta dx$，$x = (u - a)/\Delta$

$x = b$ 时，$u = a + b\Delta$；$x = c$ 时，$u = a + c\Delta$

$$F = \int_{a+b\Delta}^{a+c\Delta} \frac{\Delta b - r^*(u-a)}{\Delta u} du = \int_{a+b\Delta}^{a+c\Delta} \frac{\Delta b + r^* a}{\Delta u} du - \int_{a+b\Delta}^{a+c\Delta} \frac{r^*}{\Delta} du$$

$$= \frac{\Delta b + r^* a}{\Delta} [\ln(a+c\Delta) - \ln(a+b\Delta)] - r^*(c-b)$$

(3) $[c,d]$期间资本结构波动幅度。根据资本结构波动幅度计算公式，F 计算如下：

$$F = \int_c^d \frac{\Delta(r^* x - b)}{a + \Delta x} dx$$

我们仍按$[b,c]$期间资本结构波动幅度 F 值计算方法，得：

$$F = r^*(d-c) - \frac{r^* a + \Delta b}{\Delta} [\ln(a+d\Delta) - \ln(a+c\Delta)]$$

(4) $[d,e]$期间资本结构波动幅度。根据资本结构波动幅度计算公式，F 计算如下：

$$F = \int_d^e -\frac{\Delta[(1-r^*)x + b - d]}{(a+\Delta x)} dx$$

$$= -\Delta \int_d^e \frac{(1-r^*)x}{a+\Delta x} dx - \Delta \int_d^e \frac{(b-d)}{a+\Delta x} dx$$

设 $a + \Delta x = u$，则 $du = \Delta dx, x = (u-a)/\Delta$

$x = d$ 时，$u = a + d\Delta$；$x = e$ 时，$u = a + e\Delta$

$$F = \frac{1-r^*}{\Delta} \int_{a+d\Delta}^{a+e\Delta} \frac{a-u}{u} du + \int_{a+d\Delta}^{a+e\Delta} \frac{(d-b)}{u} du$$

$$= -\frac{1-r^*}{\Delta} u \Big|_{a+d\Delta}^{a+e\Delta} + \left[\frac{1-r^*}{\Delta} a + (d-b)\right] \ln u \Big|_{a+d\Delta}^{a+e\Delta}$$

$$= -(1-r^*)(e-d) + \left[\frac{a(1-r^*)}{\Delta} + (d-b)\right][\ln(a+e\Delta) - \ln(a+d\Delta)] \quad (6)$$

5. 不同资本结构调整方式下资本结构波动幅度比较

由于资本结构波动幅度计算公式(3)至公式(6)为复合函数，

第二章 资本结构波动机理及价值影响理论分析

难以直接比较大小,因此用数据实验法来进行对比分析。我们分别假定两种资本结构波动上下限为(0.4,0.6)和(0.3,0.7),假定 a 为 100,Δ 为 10,根据上述数据,计算各种资本结构调整方式下 F 值如表 2-22 所示。

表 2-22 方式 I、II 和 III 下资本结构波动幅度对比表

情况	r_h	r_l	r^*	a	Δ	$(r_h - r_l)$	$(1 - r_h)$	$(1 - r_l)$	b	c	F
方式 I	0.6	0.4	0.5	100	10	0.2	0.4	0.6	1	1	0.2
方式 II	0.6	0.4	0.5	100	10	0.2	0.4	0.6	2.5	1.67	0.4251
方式 III	0.6	0.4	0.5	100	10	0.2	0.4	0.6	1.67	2.5	0.4251
方式 I	0.7	0.3	0.5	100	10	0.4	0.3	0.7	2	2	0.8
方式 II	0.7	0.3	0.5	100	10	0.4	0.3	0.7	6.67	2.86	2.0659
方式 III	0.7	0.3	0.5	100	10	0.4	0.3	0.7	2.86	6.67	2.0659

方式 IV 下 F 值计算比较复杂,需要分四个阶段进行计算,我们将四个阶段中的 F 值分别计算,再计算一个周期内 F 值总和,结果如表 2-23 所示。

从表 2-22 和表 2-23 可以看出,在两种上下限下,方式 I 的资本结构波动幅度都是最小,而方式 II 和方式 III 波动幅度相同,方式 IV 波动幅度最大,这其中主要的原因是在方式 IV 下由于资产规模持续增加,在 Δ 不变的情况下,资本结构调整速度相对减慢;从调整时间来看,方式 I 的周期分别为 4 和 8[即 2×(1+1)和 2×(2+2)],方式 II 和方式 III 的周期相同,分别为 8.34 和 19.36[即 2×(2.5+1.67)和 2×(6.67+2.86)],方式 IV 下周期分别为 12.5 和 44.44,大大高于其他三种方式。由此可以看出,单方向调整资本结构,不仅资本结构调整时间较长,资本结构波动幅度也更大。

表2-23　方式Ⅳ下资本结构波动幅度对比表

时间区间	r_h	r_l	r^*	a	Δ	(r_h-r_l)	$(1-r_h)$	$(1-r_l)$	b	c	d	e	F
[0, b]	0.6	0.4	0.5	100	10	0.2	0.4	0.6	2.5	5	8.75	12.5	0.1342
[b, c]													0.1174
[c, d]													0.2014
[d, e]													0.1761
合计													0.6292
[0, b]	0.7	0.3	0.5	100	10	0.4	0.3	0.7	6.67	13.3	28.89	44.44	0.7792
[b, c]													0.5921
[c, d]													1.8181
[d, e]													1.3817
合计													4.5712

(三) 资本结构调整速度和调整方向对资本结构波动的影响

鉴于调整方式Ⅲ的调整时间和资本结构波动幅度与调整方式Ⅱ相同,且在现实的经济生活中属于少数现象;方式Ⅰ要求总资本规模保持不变,在现实生活中也很难做到,因此本书不再对方式Ⅰ和Ⅲ进行进一步讨论。在后文的研究中,本书主要以方式Ⅳ和方式Ⅱ两种方式研究资本结构调整速度、调整方向对资本结构波动的不同影响。

1. 资本结构调整速度对资本结构波动幅度的影响

在调整方式Ⅱ和Ⅳ下,由于 F 计算公式是复合函数,变量关系复杂,用代数方法分析 Δ 对 F 的影响比较麻烦,本书用数据实验法来分析 Δ 变动对资本结构波动的影响。假定初始期企业 $r_h = 0.6$,$r_l = 0.4$,$a = 100$,$\Delta = 10$,根据式(3),则 F 值为 0.4251。[①]

根据上述设定,分别计算方式Ⅱ和方式Ⅳ下,Δ 不同变动情况对 F 值的变动影响如表2-24和表2-25所示。

表2-24　方式Ⅱ下 Δ 增减变动对 F 影响计算表

情况	r_h	r_l	r^*	a	Δ	b	b增幅	c	c增幅	F	F增幅
初始状况	0.60	0.40	0.50	100	10	2.50	NA	1.67	NA	0.43	NA
Δ 增加1倍	0.60	0.40	0.50	100	20	1.25	-0.50	0.83	-0.50	0.21	-0.50
Δ 增加2倍	0.60	0.40	0.50	100	30	0.83	-0.67	0.56	-0.67	0.14	-0.67
Δ 降低1半	0.60	0.40	0.50	100	5	5.00	1.00	3.33	1.00	0.85	1.00
Δ 降低3/4	0.60	0.40	0.50	100	2.5	10.00	3.00	6.67	3.00	1.70	3.00

---

① 我们设置了多种不同的 r_h、r_l、a、Δ 取值,验证数据实验的正确性,结果都与本书推算结论一致,足以说明本书数据验证法的正确性。

表 2-25　　方式Ⅳ下 Δ 增减变动对 F 影响计算表

情况	r_h	r_l	r^*	a	Δ	b	c	d	e	F	F 增幅
初始状况	0.60	0.40	0.50	100	10	2.5	5	8.75	12.5	0.6293	NA
Δ 增加 1 倍	0.60	0.40	0.50	100	20	1.25	2.5	4.375	6.25	0.3146	-0.5
Δ 增加 2 倍	0.60	0.40	0.50	100	30	0.83	1.67	2.917	4.167	0.2097	-0.67
Δ 降低 1 半	0.60	0.40	0.50	100	5	5	10	17.5	25	1.2584	1.00
Δ 降低 3/4	0.60	0.40	0.50	100	2.5	10	20	35	50	2.5169	3.00

从表 2-24 和表 2-25 来看，当 Δ 增加时 F 减少，而当 Δ 减少时 F 增加，且增减幅度成比例，说明资本结构调整速度提高能降低资本结构波动幅度。这个结论从理论上也很容易理解，当资本结构调整速度加快时，资本结构偏离到上下限以及恢复到目标资本结构的时间缩短。在表 2-24 中，当 Δ 为 10 时，资本结构调整的一个周期为 8.34（2b+2c），而当 Δ 为 20 时，资本结构调整的一个周期为 4.16，缩小到原来周期的一半；在表 2-25 中，e 的变化也与 Δ 成反比例，说明在资本结构波动上下限不变的情况下，资本结构调整速度增加导致资本结构波动幅度降低。

2. 资本结构调整方向对资本结构波动幅度的差异性影响

资本结构向上调整和向下调整，一方面可能涉及资产规模变动差异，另一方面会影响到资本结构调整途径的选择（调整负债还是调整所有者权益），而在实务中，不论是资产规模调整还是负债/所有者权益增减，都存在实施约束条件的差异，这些差异影响到资本结构调整速度，影响到资本结构调整时间，从而造成资本结构波动幅度的差异。考虑到各种资本结构调整方式下，资本结构调整方向差异对资本结构波动幅度影响类似，我们以方式Ⅱ为例，研究资本结构调整方向对资本结构波动幅度的差异性

第二章 资本结构波动机理及价值影响理论分析

影响。[①]

在资本结构调整方式Ⅱ下,阶段一和阶段四中,企业增加负债,同时总资产增加;而在阶段二和阶段三中,企业减少负债,同时总资产减少。考虑到在实际经济生活中,由于企业发展、员工就业和地方政府 GDP 追求考虑,资产增加容易得到支持;而当企业减少资产规模时,可能会降低企业产出、员工就业和企业发展速度,因而受到很多限制。在这种情况下,企业资产调增的速度往往会大于资产调减的速度。我们假定企业在资本结构调整的阶段一和阶段四每次调整增加负债和总资产 Δ,而在阶段二和阶段四每次调整减少负债和总资产 Ω($\Delta > \Omega$),其他假设条件不变,则各阶段实际资产负债率与时间的函数关系以及资本结构波动幅度 F 的计算推导如下:

阶段一:

由于各方面数据未发生变化,实际资产负债率与时间的函数关系仍为 $f(x) = (ar^* + \Delta x)/(a + \Delta x) = r^* + \Delta(1 - r^*)x/(a + \Delta x)$,其时间区间为 $[0, b]$,b 值为 $a(r_h - r_l)/[2\Delta(1 - r_h)]$。F 值的计算公式为 $(1 - r^*)[b - \dfrac{a\ln(1 + \dfrac{\Delta b}{a})}{\Delta}]$。

阶段二:

由于每次调整减少负债和总资产 Ω($\Delta > \Omega$),因此本阶段资本结构调整与阶段一不再保持轴对称关系,我们需要重新推导实际资产负债率与时间的函数关系和 F 值计算公式。我们令 $b = a(r_h - r_l)/[2\Delta(1 - r_h)]$,对实际资产负债率与时间的函数关系的推导如表 2 - 26 所示。

[①] 方式Ⅳ下资本结构调整方向对资本结构波动幅度的差异性影响我们也做了数据分析,结果与方式Ⅱ的结论基本一致,在此不做陈述。

表 2 - 26　　阶段二实际资产负债率与时间的函数关系计算表

时间	资产	负债	资产负债率
b	$a + b\Delta$	$ar^* + b\Delta$	r_h
b + 1	$a + b\Delta - \Omega$	$ar^* + b\Delta - \Omega$	$(ar^* + b\Delta - \Omega)/(a + b\Delta - \Omega)$
b + 2	$a + b\Delta - 2\Omega$	$ar^* + b\Delta - 2\Omega$	$(ar^* + b\Delta - 2\Omega)/(a + b\Delta - 2\Omega)$
…	…	…	…
x	$a + b\Delta - (x - b)\Omega$	$ar^* + b\Delta - (x - b)\Omega$	$[ar^* + b\Delta - (x - b)\Omega]/[a + b\Delta - (x - b)\Omega]$
c	$a + b\Delta - (c - b)\Omega = a$	$ar^* + b\Delta - (c - b)\Omega = ar^*$	r^*

注：$c = b\Delta/\Omega + b$

由上函数式可得 F 的计算公式为：

$$F = \int_b^c \left[\frac{ar^* + b\Delta - (x - b)\Omega}{a + b\Delta - (x - b)\Omega} - r^* \right] dx$$

$$= \int_b^c \frac{ar^* + b\Delta - (x - b)\Omega}{a + b\Delta - (x - b)\Omega} dx - r^* x \Big|_b^c$$

$$= \int_b^c \frac{ar^* + b\Delta - (x - b)\Omega}{a + b\Delta - (x - b)\Omega} dx - r^* (c - b)$$

设 $a + b\Delta - (x - b)\Omega = u$，$du = -\Omega dx$，$dx = -du/\Omega$，$x = (a + b\Delta - u)/\Omega + b$

当 $x = b$ 时，$u = a + b\Delta$；当 $x = c$ 时，$u = a + b\Delta - (c - b)\Omega$

$$F = \int_{a+b\Delta}^{a+b\Delta-(c-b)\Omega} \frac{ar^* + b\Delta - \left(\frac{a + b\Delta - u}{\Omega}\right)\Omega}{u} \cdot \left(-\frac{du}{\Omega}\right) - r^*(c - b)$$

$$= \int_{a+b\Delta}^{a+b\Delta-(c-b)\Omega} \frac{ar^* + b\Delta - (a + b\Delta - u)}{\Omega u} (-du) - r^*(c - b)$$

第二章 资本结构波动机理及价值影响理论分析

$$= \int_{a+b\Delta-(c-b)\Omega}^{a+b\Delta} \frac{ar^* + b\Delta - (a+b\Delta - u)}{\Omega u} du - r^*(c-b)$$

$$= \int_{a+b\Delta-(c-b)\Omega}^{a+b\Delta} \frac{a(r^*-1) + u}{\Omega u} du - r^*(c-b)$$

$$= \int_{a+b\Delta-(c-b)\Omega}^{a+b\Delta} \frac{u}{\Omega u} du + \int_{a+b\Delta-(c-b)\Omega}^{a+b\Delta} \frac{a(r^*-1)}{\Omega u} du - r^*(c-b)$$

$$= \frac{u}{\Omega} \Big|_{a+b\Delta-(c-b)\Omega}^{a+b\Delta} + \frac{a(r^*-1)}{\Omega} \ln u \Big|_{a+b\Delta-(c-b)\Omega}^{a+b\Delta} - r^*(c-b)$$

$$= (c-b)(1-r^*) - \frac{a(1-r^*)}{\Omega} \{\ln(a+\Delta b) - \ln[a+\Delta b - (c-b)\Omega]\}$$

阶段三：

本阶段每次调整减少负债和总资产 Ω，根据这一设定，本阶段调整资本结构变动情况计算如表 2-27 所示。

表 2-27 阶段三实际资产负债率与时间的函数关系计算表

时间	资产	负债	资产负债率
c	a	ar^*	$r^* = (r_h + r_l)/2$
c+1	$a-\Omega$	$ar^* - \Omega$	$(ar^* - \Delta)/(a-\Delta)$
…	…	…	…
x	$a-\Omega(x-c)$	$ar^* - \Omega(x-c)$	$[ar^* - \Omega(x-c)]/[a-\Omega(x-c)]$
d	$a-\Omega(d-c)$	$ar^* - \Omega(d-c)$	r_l

注：$d = c + a(r^* - r_l)/[\Omega(1-r_l)]$

由上函数式可得 F 的计算公式为：

$$F = \int_c^d \left[r^* - \frac{ar^* - (x-c)\Omega}{a - (x-c)\Omega} \right] dx$$

$$= r^*(d-c) - \int_c^d \frac{ar^* - (x-c)\Omega}{a - (x-c)\Omega}dx$$

设 $a - (x-c)\Omega = u$, $x = (a-u)/\Omega + c$, $dx = -du/\Omega$

当 $x = c$ 时，$u = a$；当 $x = d$ 时，$u = a - (d-c)\Omega$

$$F = r^*(d-c) - \int_a^{a-(d-c)\Omega} \frac{ar^* - a + u}{u}(-\frac{du}{\Omega})$$

$$= r^*(d-c) + \int_a^{a-(d-c)\Omega} \frac{a(r^*-1) + u}{\Omega u}du$$

$$= r^*(d-c) - \int_{a-(d-c)\Omega}^a \frac{a(r^*-1)}{\Omega u}du - \int_{a-(d-c)\Omega}^a \frac{1}{\Omega u}du$$

$$= r^*(d-c) - (d-c) - \frac{a(r^*-1)}{\Omega}\{\ln a - \ln[a-(d-c)\Omega]\}$$

$$= \frac{a(1-r^*)}{\Omega}\{\ln a - \ln[a-(d-c)\Omega]\} - (1-r^*)(d-c)$$

阶段四：

在本阶段，企业每次调整增加 Δ 负债，同时总资产增加 Δ。根据这一设定，本阶段调整资本结构变动情况计算如表 2-28 所示。

表 2-28 阶段四实际资产负债率与时间的函数关系计算表

时间	资产	负债	资产负债率
d	$a - \Omega(d-c)$	$ar^* - \Omega(d-c)$	r_1
d+1	$a - \Omega(d-c) + \Delta$	$ar^* - \Omega(d-c) + \Delta$	$[ar^* - \Omega(d-c) + \Delta]/[a - \Omega(d-c) + \Delta]$
...	...	...	...
x	$a - \Omega(d-c) + (x-d)\Delta$	$ar^* - \Omega(d-c) + (x-d)\Delta$	$[ar^* - \Omega(d-c) + (x-d)\Delta]/[a - \Omega(d-c) + (x-d)\Delta]$
e	a	ar^*	r^*

注：$e = \Omega(d-c)/\Delta + d$

由上函数式可得 F 的计算公式为：

第二章 资本结构波动机理及价值影响理论分析

$$F = \int_d^e [r^* - \frac{ar^* - (d-c)\Omega + (x-d)\Delta}{a - (d-c)\Omega + (x-d)\Delta}]dx$$

$$= r^*(e-d) - \int_d^e \frac{ar^* - (d-c)\Omega + (x-d)\Delta}{a - (d-c)\Omega + (x-d)\Delta}dx$$

设 $a - (d-c)\Omega + (x-d)\Delta = u$,$du = \Delta dx$,$dx = du/\Delta$,$x = [u - a + (d-c)\Omega]/\Delta + d$

当 $x = d$ 时,$u = a - (d-c)\Omega$;当 $x = e$ 时,$u = a - (d-c)\Omega + (e-d)\Delta$

令 $a - (d-c)\Omega = p$,$a - (d-c)\Omega + (e-d)\Delta = q$

$$F = r^*(e-d) - \int_p^q \frac{ar^* + u - a}{\Delta u}du$$

$$= r^*(e-d) + \frac{a(1-r^*)}{\Delta}\ln u \big|_p^q - \frac{u}{\Delta}\big|_p^q$$

$$= \frac{a(1-r^*)}{\Delta}\{\ln[a - (d-c)\Omega + (e-d)\Delta] - \ln[a - (d-c)\Omega]\} - (1-r^*)(e-d)$$

为检验不同资本结构调整方向对资本结构波动的影响,我们仍采用实验法,假定初始期企业 $r_h = 0.6$, $r_l = 0.4$, $a = 100$, $\Delta = 10$, Ω 分三种情况分别取值 5、7 和 9,我们观测当 Ω 逐步逼近 Δ 时,不同资本结构调整方向是否存在资本结构波动差异以及这一差异的变动趋势,具体见表 2-29。

表 2-29 三种情况下资本结构波动幅度分阶段计算表

情况	r_h	r_l	r^*	a	Δ	Ω	F	Ω	F	Ω	F
阶段一	0.6	0.4	0.5	100	10	5	0.1343	7	0.1343	9	0.134
阶段二	0.6	0.4	0.5	100	10	5	0.2686	7	0.1918	9	0.15
阶段三	0.6	0.4	0.5	100	10	5	0.1565	7	0.1118	9	0.09
阶段四	0.6	0.4	0.5	100	10	5	0.0783	7	0.0783	9	0.08

整理表 2-29，得到不同 Ω 值下向上调整和向下调整资本结构时波动幅度对照表如表 2-30 所示。

表 2-30　三种情况下资本结构上调和下调波动幅度计算表

情况	Δ	Ω	$\Delta - \Omega$	向上调整区间	向下调整区间
1	10	5	5	0.2126	0.4251
2	10	7	3	0.2126	0.3037
3	10	9	1	0.2126	0.2362

从表 2-30 可以看出，当资本结构向上调整时，由于调整速度与初始速度一致，其波动幅度值无变化；向下调整时，随着调整速度加快逐步接近初始调整速度，资本结构波动幅度下降，但从整体看，由于下调资本结构时调整速度低于上调时的调整速度，导致资本结构波动幅度大于上调时资本结构波动幅度。

三、资本结构波动机理分析

从理论上说，只要企业实际资本结构发生变动，就会引起资本结构波动。但企业诱发资本结构变动的原因各有不同，而这些不同的资本结构驱动因素对资本结构波动的推动作用也各不相同，因此需要做进一步分析，以更深刻了解资本结构波动与这些因素之间的关系。引起资本结构变动的原因有两个方面，一方面是企业目标资本结构的变迁导致实际资本结构的偏离，企业需要调整实际资本结构使其接近变更后的目标资本结构；另一方面是企业因业务需要进行一次性增资或减资，形成对实际资本结构的冲击，拉动实际资本结构波动偏离。为优化资本结构，企

第二章 资本结构波动机理及价值影响理论分析

业需要对实际资本结构进行调整。在调整过程中，由于资本市场信息不对称和企业自身因素等缺陷因素存在，调整速度不能保证实际资本结构短时期内回归目标资本结构；调整路径和方向不可能完全遵循目标资本结构的要求，导致实际资本结构与目标资本结构持续偏离，形成资本结构波动。在本书中，我们根据影响企业资本结构的宏微观因素，分别研究其对资本结构波动的驱动作用。

（一）宏观经济变动对资本结构波动的影响

宏观经济发展趋势的变化影响企业经营和财务风险，从而引发目标资本结构的变更。在本章研究中，我们以权衡理论为依据，探索宏观经济变动对资本结构波动的影响。根据权衡理论，企业价值与资本结构关系如图2-6所示。

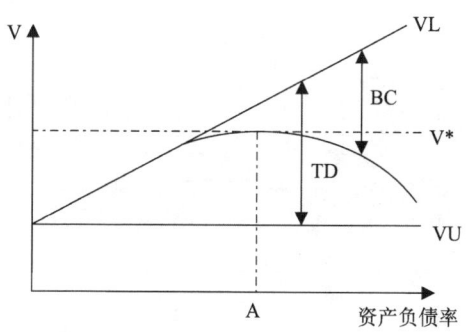

图2-6 权衡理论下资产负债率与企业价值之间的关系

根据图2-6，存在负债条件下，企业价值与负债比例的关系可以用以下公式描述：

V = VL − BC

VL = VU + TD

式中，VL是指存在负债条件下企业的价值（不考虑破产成本),它是无负债情况下企业价值 VU 和负债税盾价值 TD 的和;V 是企业考虑负债税盾价值和破产成本(BC)后的价值,它等于 VL 与 BC 之间的差额。随着资产负债率的变动,V 会出现一个先升后降的变动过程,其最大值为 V*,此时的企业资产负债率 A 就是最优资本结构。

宏观经济变动对最优资本结构的影响主要在于其对破产成本 BC 的影响。BC 的主要内容包括两方面,一方面是当企业陷入财务困境时,为偿还债务而对资产进行变卖发生的损失;另一方面是当企业陷入财务困境时,供应商和客户会采取歧视性政策(例如不再提供赊购或超低价格购买公司商品)引发的损失。当宏观经济处于扩张时期时,企业市场需求增多,盈利空间扩大,因此在等同负债水平的情况下,发生财务困境的可能以及财务困境成本都会下降,导致图 2-6 中破产成本线 BC 上移到 BC_1,如图 2-7 所示。

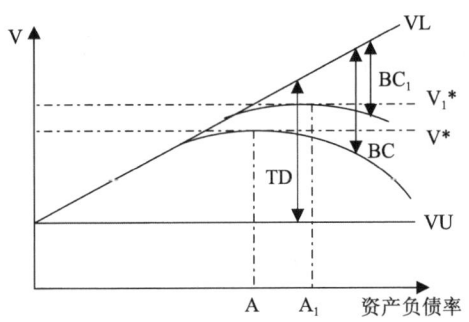

图 2-7 宏观经济变动对企业资本结构影响示意图

图 2-7 中,由于破产成本线的上移,导致企业价值最大值上升到 V_1^*,最优资本结构的资产负债率由 A 提高到 A_1。因此,随着宏观经济发展水平的提高,企业资产负债率相应提高;而当宏观经济增速下降时,破产成本增大,企业会降低资产负债率。

这样随着宏观经济的周期性波动，企业的资产负债率也会随之增减，导致资本结构波动产生。

（二）金融市场变动对资本结构波动的影响

金融市场是企业资本融通的场所，金融市场的变动既影响到货币供求关系整体，也会引发不同类别资本供求关系变化，因此金融市场的变动会直接导致企业资本结构变动。金融市场构成复杂，运行规则经常会有变化，对不同类型的融资企业有不同的影响。我们分不同方面具体来讨论金融市场变动对资本结构波动的影响。

1. 商业银行发展

商业银行贷款是企业负债融资的重要来源。从我国现阶段银行业发展趋势看，银行业总体规模将有持续扩大趋势，中小银行快速发展，银行业竞争将逐步加强。这些趋势将有利于企业特别是中小企业获取银行信贷资金，从而有利于银行债务资本比例的上升（王明虎，2010；王明虎等，2013）。在其他资本来源不增加的情况下，信贷资本的增加将导致资产负债率的上升，推动资本结构波动。

2. 债券市场发展

债券市场是企业债务直接融资的通道。我国从 2005 年开始发展企业债券市场融资，先后推出短期融资券、企业债、公司债、中期票据、中小企业集合债券等多种类型债券和多层次企业债券融资市场。截至 2015 年底，我国企业债券融资 1463 亿元，占当年社会融资规模存量的 10.59%。[1] 由于债券市场融资企业需要达到一定的资产规模，因此债券市场的发展对规模以上企业的债务融资有支持作用，能够在一定程度上推动这些企业债务比

---

[1] 资料来源：中国人民银行官网。

例的上升。

3. 股票市场发展

股票市场是企业权益资本融资的渠道。目前我国的股票市场是一个多层次市场，主板、中小板、创业板都是多层次市场的一部分，受我国近年宏观经济下行的影响，主板、中小板和创业板股票融资发展受到一定的限制。以全国中小企业股份转让系统为代表的新三板市场融资在近年取得快速发展，挂牌家数和总股份数分别由 2014 年的 1572 家、658 亿股上升到 2015 年的 5129 家、2959 亿股。① 新三板市场的发展为中小企业股票融资提供了有效的通道，为中小企业减轻债务负担提供了基础。

4. 利率市场化

利率管制政策对商业银行信贷有重大影响，当利率属于高度管制时，商业银行信贷利率高度统一，商业银行会对中小企业进行信贷歧视；而当利率管制取消后，商业银行可以根据客户情况制定差别利率信贷政策，这在客观上有利于中小企业获取信贷融资。我国自 1996 年开始逐步推行利率市场化改革，到 2013 年 7 月 20 日，中国人民银行决定全面放开金融机构贷款利率管制，2015 年 8 月 26 日，中国人民银行决定放开一年期以上（不含一年期）定期存款的利率浮动上限，基本上实现了利率的完全市场化。傅利福（2014）实证研究也证明利率市场化的推进，导致中小企业负债水平提高。

5. 货币政策变迁

货币政策是中央银行调整市场货币供应量的主要工具，其主要调整对象是货币发行量（M2）、商业银行贷款基准利率和存款准备金率。货币政策的调整主要由中央银行根据市场货币需求状

---

① 资料来源：全国中小企业股份转让系统官网。

况和未来趋势而定,但这些政策的调整会对企业银行信贷乃至商业信用融资产生影响,从而引起企业负债比率变动。一般认为,随着货币供应量的增加、贷款基准利率下降、存款准备金率下降,企业会增加银行信贷和商业信用等负债资本,从而带动资本结构变化(张太原等,2007;袁卫秋等,2016)。

(三) 中观环境变化的影响

企业的中观环境包括区域市场化水平、区域金融发展水平、地方政府与企业关系等。在我国,受区域发展不平衡的影响,不同地区的市场化程度、金融发展水平、地方政府干预程度等有较大差异,这些中观环境因素变动也会直接影响到企业融资选择。从总体上看,我国东部地区的市场化水平、区域金融发展水平等都高于中西部地区;相应的,地方政府干预也要少于中西部地区。随着我国市场经济体制改革的深入,各地区在区域市场化水平、区域金融发展水平、地方政府与企业关系等中观环境因素方面都会发生变化,这种变化也会改变区域企业融资选择。包婵静等(2016)发现,市场化程度越高的地区,民营企业规模越大,越能够获得商业信用融资;李四海等(2015)的研究表明,金融发展水平越高的地区,银行信贷成本越低,并且银行信贷融资在企业债务融资中比重也相对较低。杨星等(2016)认为,我国民营企业的地方政府支持度越大,越能够通过证监会发审委审批获得股权融资。这些研究都充分说明了中观环境变化对资本结构波动的推动作用。

(四) 企业微观因素变化的影响

即使不考虑宏观和中观因素的变化,企业微观因素的变化也会引起资本结构的变动。由于经营活动的不规则性和重大投融资政策的实施，企业经常发生突发性的资本增加和减少，由于这种资本增加和减少属于单项资本，造成资本结构变迁。具体来说，主要有如下引发资本结构波动的情况：

1. 经营情况变化引发资本结构变动

企业融资安排通常根据业务预算资金需求进行计划安排，保障资本结构的稳定。但在现实经济生活中，企业经营情况经常发生变动。假定企业预计流动资产为 C，非流动资产为 F，负债为 L，所有者权益为 $E(C+F=L+E)$，年度销售收入为 S，此时企业的资产负债率为 $L/(L+E)$。这一计划安排下，流动资产周转速度为 S/C。随着经营的开展，实际周转速度变为 $R(R<S/C)$，则企业实际需要流动资产额为 $S/R(S/R>C)$。令 $S/R-C=L_1$，企业需要增加资本筹集。假定企业增加负债 L_1，则企业实际的资产负债率变为 $(L+L_1)/(L+L_1+E)$，显然这个值要大于 $L/(L+E)$，导致资本结构上升；假定企业增加所有者权益筹资 L_1，则企业实际的资产负债率变为 $L/(L+L_1+E)$，显然这个值要小于 $L/(L+E)$，导致资本结构下降。无论采用何种融资方式，资本结构都会发生波动。

2. 重大融资安排导致资本结构变迁

企业重大融资（股票发行或大额负债融资）会导致短期内资本结构大幅度变动，虽然企业可能会在后期进行资本结构调整安排，但在后续融资安排前企业资本结构与目标资本结构还是有比较大的偏离，从而形成资本结构的波动。假定企业年初流动资产为 C，非流动资产为 F，负债为 L，所有者权益为 $E(C+F=L+E)$，资产负债率为 $L/(L+E)$；3月初，企业发行股票，融资额为 E_1，为将资本结构调整到目标资本结构 $L/(L+E)$，企业于6月初增加负债融资，其金额为 $L_1(L_1=L\times E_1/E)$。在这种情况下，企业在3~5月实际资产负债率为 $L/(L+E+E_1)$，低于目标资本结构,形成资本结构波动。

3. 企业自然成长引发资本结构变化

即使不考虑经营情况变化和重大融资安排,由于企业规模的自然成长也会导致企业实际资本结构逐步偏离目标资本结构。假定企业期初流动资产为 C,非流动资产为 F,负债为 L,所有者权益为 E(C + F = L + E),年度销售收入为 S,销售净利率为 a,股利支付率为 b,则年末企业所有者权益为 E + Sa(1 - b),实际资产负债率为 L/[L + E + Sa(1 - b)],资本结构发生变动。

四、资本结构波动价值影响理论分析

根据 MM 理论,在完美市场条件下,资本结构调整不会对企业价值产生影响。但在市场缺陷存在的条件下,资本结构调整必然会影响到企业价值。现有文献对企业资本结构与价值关系研究主要基于静态资本结构视角,关注资本结构上下调整对企业价值的影响,而较少涉及资本结构调整幅度本身的变动对企业价值的作用。事实上,资本结构的变动,会通过很多途径影响企业资本价值。本书将着重从交易成本、财务风险和公司治理等角度探讨在不同资本结构波动情况下,企业价值可能会发生的变动。

(一) 资本结构波动与交易成本

1. 资本结构调整活动中主要交易成本类型

资本结构的调整绝大多数通过融资活动来完成。企业融资活动是企业与外部资本提供者之间的交易行为,在交易过程中会发生许多交易成本,这些交易成本都由企业承担或由其他主体转嫁给企业，成为企业资本成本的组成部分。总结各种与资本结构调整有关的融资活动，主要交易成本包括以下几种主要类型：（1）谈判成本，企业与资本提供者要就融资期间、融资金额、利息或股利、债务保护或股东权益等各方面条件进行磋商谈判，这个过程需要花费时间和物质资源，构成谈判成本；（2）信息成本，企业为了让资本提供者充分了解企业的各方面信息，需要编制财务报告等各种文件，这些文件需要经过独立审计机构或律师等中介机构的审查，所有这些活动都需要发生成本；（3）签约成本，企业若和资本提供者达成融资协议，需要签订合约，签约过程中需要发生各类相关成本；（4）执行成本，签约完成后，为保证合约履行，资本提供者需要监督企业的经营活动，了解合约履行情况，这也需要发生一些成本支出。

2. 资本结构稳定性与交易成本关系

在企业融资活动中，当企业资本结构保持稳定时，企业会与固定的资本提供者定期签订融资合同，在每一次融资合同签订和履行过程中，企业和资本提供者会就类似的融资合同进行谈判、签约和履行合同，需要了解的信息范围基本相同。在这种情况下，随着合同双方交易次数的增加，信息不对称性降低，合同条款类似谈判、签约和履约成本降低，信息的收集和传递成本也会随之下降。

当企业资本结构不能保持相对稳定时，企业不能和特定资本提供者保持长期的融资合作，而需要经常更换资本提供者，或者经常变更与特定资本提供者的融资合约。这对于交易成本的影响有两个方面：一方面是当企业经常变换资本结构时，企业与资本提供者合约时间缩短，这就会增加一定时期内交易的次数，从而增加交易成本；另一方面是对每一次交易成本的不利影响，企业不论是变换资本提供者，还是变换融资合约，都需要重新与资本提供者开启新的合约谈判、签约、执行，提供新的信息。由于合约和资本提供者的变化，每一次谈判、签约、执行和信息成本都不会因为重复交易而降低。因此，在资本结构不稳定的情况下，由于融资活动次数的增加以及单次交易成本的固定不变，融资活动的交易成本要大于资本结构相对稳定的状态。

3. 资本结构波动幅度与交易成本之间的关系

资本结构波动幅度越大，企业的资本结构就越不稳定，因此根据资本结构稳定性与交易成本之间的关系可知，当资本结构波动幅度增加时，企业会频繁与资本提供者进行资本交易，导致融资活动交易成本上升。相反，企业资本结构波动幅度越低，企业资本结构越稳定，企业与资本提供者之间的资本交易次数减少，交易成本降低。

（二）资本结构波动与财务风险

企业财务风险的发生受多种因素的影响，公司治理效率、外部环境变化、投资决策效率和融资安排问题是导致企业财务风险的主要原因（于富生等，2008；李秉祥等，2006；杨棉之，2010；代彬等，2012）。从企业融资角度看，当企业资本结构波动在一定范围之内时，对上述公司治理效率、投资决策效率和融资安排影响比较小；而当资本结构波动幅度比较大时，就会对上述财务风险影响因素产生比较大的影响。关于资本结构波动和公司治理之间的关系在后文将进一步论述，这里我们首先研究资本结构波动与投资效率和资本结构合理性的关系。

1. 资本结构波动与企业投资效率

企业投资效率受多种因素影响，资本结构是一个重要方面。从静态来看，徐玉德等（2009）发现，低杠杆水平的非国有企业和地方国有企业几乎不存在过度投资情况，高杠杆企业过度投资却很严重。从动态来看，企业过于依靠债务融资，提高资产负债率，进行短期内扩张投资，是导致投资低效率的重要原因（张学勇等，2011）。因此，当企业资本结构从低向高调整时，资本结构波动越大，企业投资效率越低，从而诱发财务风险。

同时，许多学者经过实证研究发现，融资约束是导致投资低效率的重要因素（连玉君等，2009；喻坤等，2014）。从理论上来说，企业融资约束越强，其资本结构波动越大，王明虎等（2015）通过实证研究也证明了上述关系的存在。因此，企业资本结构波动越大，其融资约束越强，投资效率也会随之降低。

2. 资本结构波动与资本结构合理性

根据权衡理论，企业资本结构越接近于目标资本结构，其价值越大，而当资本结构与目标资本结构距离越远，其价值越小。为研究方便，我们假定有两个企业：企业1和企业2，两个企业目标资本结构为 r^*，当企业资产负债率大于 r_d 时，企业有很大的可能陷入财务困境。两个企业实际资本结构与时间之间的关系分别为 $y = f(x)$ 和 $y = \varpi(x)$，如图2-8所示。企业1和企业2具有相同的资本结构波动周期 $[0,T]$，具有相同的目标资本结构 r^*，且分别在 T/4、3T/4 处得到本周期内资本结构的最大值和最小值；在区间 (0, T/2) 内，恒有 $f(x) > \varpi(x) > r^*$，在区间 (T/2, T) 内，恒有 $f(x) < \varpi(x) < r^*$，由上述条件可知，企业1的资本结构振幅大于企业2，资本结构波动和结构优化之间的关系可以用图2-8来表示。

图2-8说明，虽然企业1和企业2具有相同的目标资本结构和资本结构调整周期，但企业1的资本结构波动幅度大于企业2。在时间区间 [0, T/2]，企业1的资产负债率大于企业2，在 [T/2, T] 期间，企业1的资产负债率小于2。在时间区间 [0, T/2]

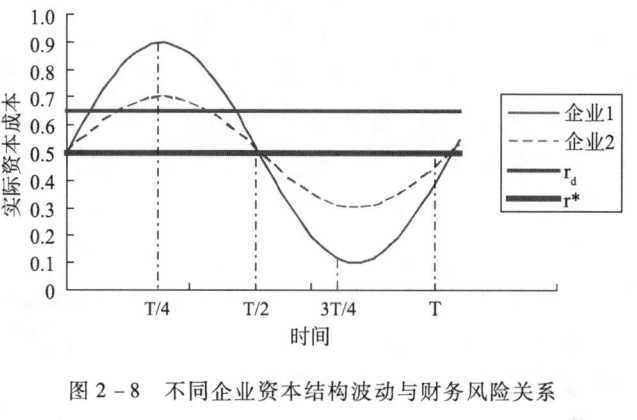

图 2-8 不同企业资本结构波动与财务风险关系

内,企业 1 实际资产负债率大于 r_d 的时间长度要大于企业 2 的时间长度,说明企业 1 的财务风险要大于企业 2。即使在区间 $(T/2,T)$ 内,由于 $f(x)<\varpi(x)<r^*$,即 $r^*-f(x)>r^*-\varpi(x)$,企业 1 资产负债偏离目标资本结构距离大于企业 2,由于区间 $[T/2,T]$ 内企业实际资本结构小于目标资本结构,企业 1 利用财务杠杆产生收益的能力要小于企业 2,因此企业 1 的每股收益要小于企业 2,形成盈利能力方面的财务风险。从整个时间区间 $[0,T]$ 看,企业 2 资本结构稳定性更强,企业和资本提供者关系更稳定,更能够获得资本提供者的支持。相比之下,企业 1 与资本提供者关系不稳定,在遇到宏观经济变动或金融政策变更时,可能会因为资本提供者的支持度不足而陷入财务困境。

(三) 资本结构波动与公司治理效率

企业的资本由债权人和股东提供,因此其控制权掌握在股东和债权人手中,而不仅为股东所专门控制 (DeAngelo et al., 2002; Baird and Rasmussen, 2006)。债权人对公司的控制主要通过债务契约来完成,债务契约通过一般性条款、限制性条款和违约惩罚条款来规范管理者的行为,实现其债权的保护(Daniels et al.,1995)。事实上,企业在不同的阶段,债权人和股东在企业中的控制地位有一定的交错,企业正常经营时,控制权由股东掌控;当企业经营出现一些问题时,企业由债权人和股东共同掌控;当企业陷入债务违约时,企业控制权就转移给债权人(Nini et al.,2012)。

企业的资产负债率是影响债权人和股东之间对企业控制权分割的重要因素。如果我们将企业控制权整体界定为1,债权人控制权和股东控制权分别为CB和CS,企业的资产负债率为r,则我们得到如下函数关系:

CB = Ψ(r)

CS = ω(r)

CB + CS = 1

CB、CS与r之间的函数关系如图2-9所示。

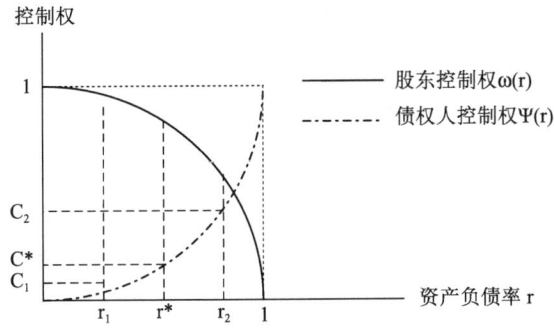

图2-9 资本结构波动与控制权变动关系

图2-9表明,在企业负债比例较低的情况下,企业发生财务风险的可能性很低,因此债权人需要控制的项目非常少,企业主要由股东控制;随着负债比例逐步增加,财务风险显现,债务

人需要掌控的项目快速增长,而股东控制权快速下降,最终债权人取代股东成为企业首要控制人。根据这一论述,$\Psi(r)$和$\omega(r)$分别是r的减函数和增函数,在区间[0,1]具有严格凸性。

现假定企业目前资产负债率为r^*,资本结构波动有两种情况,一种变动范围为Δr,另一种变动范围为$2\Delta r$。我们观察不同资本结构变动幅度对企业控制权的影响。假定当r变动Δr时,$\omega(r)$变动幅度为$\Delta CB1$;当r变动$2\Delta r$时,$\omega(r)$变动幅度为$\Delta CB2$。由于$\omega(r)$是r的增函数,在区间[0,1]具有严格凸性,因此$\omega'(r)>0$,$\omega''(r)>0$。

由上可知:

$$\frac{\Delta CB2}{2\Delta r} > \frac{\Delta CB1}{\Delta r} \tag{7}$$

(7)式左右同时乘以Δr,并除以$\Delta CB1$,得到以下结果:

$$\frac{\Delta CB2}{\Delta CB1} > 2 \tag{8}$$

根据不等式(8)可得出,当企业资本结构波动增大时,债权人控制权的波动更大,同理也可推出,当资本结构波动增大时,股东控制权波动更大。企业控制权的配置是否稳定对企业经营决策有很大的影响。控制权配置的稳定有利于企业董事会制定长远发展规划,监督企业管理者,避免短期行为的发生(Deng Jr, 2010; Gonzalez and André, 2014)。反之,当企业控制权处于不稳定状态,股东和债权人都会追求短期利益最大化,放松对企业长期发展战略的监督,导致经营者的短视行为发生(Cherian, 2000)。因此,当企业资本结构发生波动时,股东控制权和债权人控制权会有更大波动,公司治理效率下降,导致股东和债权人更关注企业短期收益,忽视企业长期发展前景,这就容易使企业陷入风险。

五、本章小结

由于资本结构主要影响因素的不断变动,企业资本结构就会不断变动,导致实际资本结构偏离目标资本结构;为确保价值最优,企业会相应调整实际资本结构使其回复到目标资本结构。因此在一段时期内,随着市场因素的变更,企业实际资本结构会围绕目标资本结构上下波动,形成资本结构波动。应用微积分方法,可以将一定时期内资本结构波动幅度进行计量,其主要思路是计算一定时期内实际资本结构与目标资本结构线所围成面积的大小。

在不同的资本结构调整方式下,资本结构波动幅度存在差异。当企业在保持资本总量不变的情况下调整资本结构时,资本结构波动幅度最小;当企业只通过增量融资方式来调整资本结构时,资本结构波动幅度最大。资本结构调整速度和调整幅度也会对资本结构波动幅度产生影响,资本结构调整速度越快,其波动幅度越小;相比于负债比例下降,企业负债比例增加时资本结构波动幅度更小。

宏观经济的周期性变动引起目标资本结构变化;金融市场变革导致可供融资渠道和资本成本变化;市场化进程和区域金融发展程度影响企业融资约束和融资渠道选择;企业经营状况变化和重大融资安排、企业成长引起资本总量和结构调整,这些都会导致企业资本结构变动,形成资本结构波动的三个层次主要驱动因素。

资本结构波动导致融资频率增加,企业与资本供应者之间信息不对称性增加,从而提高交易成本;资本结构波动幅度越大,越影响企业投资效率和资本结构合理性，进而增加企业财务风险可能性；资本结构波动动摇了公司治理结构的稳定性，从而降低公司治理的效率。从上述三个方面来看，资本结构波动会对企业价值产生冲击。

第三章 上市公司资本结构波动驱动因素分析

本书第二章从宏观经济、金融市场、中观环境和企业微观因素四个方面探讨了企业资本结构波动的机理，这些理论还有待进一步实践检验。本章将利用我国上市公司财务数据，运用实证研究方法，对上述四个方面主要因素对资本结构波动的影响进行实证研究。考虑到宏观、中观和微观因素的相互影响作用，本书将各层次因素结合起来，形成系列的多层次分析，从多个视角论证我国资本结构主要驱动因素对资本结构波动的影响，为此本章从宏观经济、货币政策、经济周期、地区市场化进程、政府干预、金融发展水平、企业成长性、产权性质、资产规模、盈利能力等不同层次因素对我国上市公司的资本结构波动情况进行实证研究，找出促进和抑制资本结构波动的主要因素，为后续政策建议提供依据。

一、资本结构波动影响因素理论分析与假设的提出

(一) 宏观经济与资本结构波动

对于宏观经济和资本结构之间的关系,现有文献研究都认为宏观经济变动是引发企业资本结构调整的重要因素。宏观经济对资本结构波动的影响主要体现在两个方面:资本结构调整方向和资本结构调整速度。

1. 资本结构调整方向

宏观经济发展趋势对市场资本供给以及企业资本需求、财务风险都有很大的影响,从而会影响资本结构。Korajczyk 等(2003)认为,当宏观经济发展趋于扩张时,企业融资风险降低,企业会增加融资,但融资渠道会有不同。低融资约束型企业更倾向于股权融资,从而会降低资产负债率;高融资约束型企业则会采用债务融资,提高财务杠杆水平。当宏观经济处于衰退阶段时,企业倾向于债务融资。Hackbarth 等(2006)则认为多数企业的资本结构与宏观经济发展周期之间存在反周期关系,即经济发展快速时,企业会倾向于股权融资,而衰退时则倾向于债务融资。从国内研究来看,苏冬蔚等(2009)通过实证研究发现,我国企业在经济快速发展时期倾向于股权融资,而在经济衰退时负债比例增加。闵亮等(2011)认为,我国融资约束型上市公司在经济发展时多用负债融资,而非约束型上市公司则更多采用股权融资,这一结论点与 Korajczyk 等(2003)基本类似。而李勇(2004)的研究则表明:上市公司的资本结构调整速度呈现

出顺经济周期的变化，且不同股权性质的企业资本结构调整不存在明显的差异。从上述文献研究结论看，宏观经济发展确实是企业目标资本结构调整的重要因素，但在资本结构调整的具体方向方面还存在着争议。从我国具体情况看，除少数上市公司外，我国大多数企业都存在一定程度的融资约束，这种融资约束使得我国大部分企业的融资行为表现出顺宏观经济周期的特征，即宏观经济发展时提高资产负债率，而经济衰退时降低资产负债率。

2. 资本结构调整速度

在经济增长不同速度情况下，企业资本结构调整速度有差异。在这一方面，现有文献研究观点基本一致。在宏观经济增长速度较快时，投资者信心高涨，市场资本供应量增加，企业可以以较快的速度调整资本结构；而在经济增速缓慢甚至衰退的条件下，企业目标资本结构下降，需要去杠杆化，而此时由于盈利降低，加上外部权益资本增量减少，调整资本结构主要靠降低负债，受资金供应紧缩影响，调整速度必然缓慢（Korajczyk and Levy，2003；闵亮、沈悦，2011）。

从上述分析看，宏观经济周期对企业资本结构的影响有两方面。一方面是资本结构调整方式，在宏观经济快速发展时期，受融资约束影响，大多数企业通过增加负债的方式提高资产负债率，而在经济衰退时期通过增加权益方式来降低资产负债率。而从我国目前的金融环境看，权益融资的难度要大于负债融资，由此可认为宏观经济快速发展时期的资本结构调整期间会小于宏观经济衰退时期。另一方面是资产结构调整速度，由于宏观经济快速发展时期企业资本结构调整速度大于宏观经济衰退时期，根据资本结构调整速度、调整时间与资本结构波动之间的关系，我们可以看出，由于调整时间短，调整速度快，企业在宏观经济快速发展时期的资本结构波动要小于宏观经济衰退时期。由此我们提出如下研究假设：

假设 1：宏观经济增长速度越快，企业资本结构波动幅度越小。

(二) 货币政策与资本结构波动

在一个经济体中，货币政策会随着宏观经济发展形势变化以及货币市场变动而进行调整，形成相对宽松或紧缩的货币市场。货币市场宽松程度不一，会对资本结构波动产生差异性影响。当经济体中货币政策宽松时，企业能够比较方便地获取资本，因此企业可能因为经营或投资需求随时增加融资，造成资本结构的频繁调整，资本结构波动幅度增大。根据上述推导和论述，我们提出如下研究假设：

假设 2：货币政策越紧缩，企业资本结构波动幅度越小。

(三) 区域市场化进程与资本结构波动

经济的市场化，是指经济体系中市场个体因素作用的逐步增加，政府干预因素的逐步减少（陈宗胜等，1999；张曙光等，2000）。在我国市场经济转轨进程中，由于改革的渐进性和经济区域发展的不均衡性，我国不同地区和产业部门的经济市场化程度有比较大的差异（樊纲等，2001）。区域市场化进程的不均衡性对微观企业融资的作用主要有两方面影响，一方面，市场化进程的加快提高了市场因素对融资的影响，削弱了行政干预对企业融资决策的限制；另一方面，区域市场化进程的差异导致不同区域企业在融资安排方面存在一定的区别。从区域市场化进程的加快对企业融资的作用来看，主要作用包括以下方面：(1) 市场化进程的加快，能够提升市场个体在资本市场融资的自由度，减少融资交易成本，从而提升资本配置效率，降低企业融资约束

(方军雄，2006；徐明东等，2012；罗正英等，2015）。（2）市场化进程的加快有利于打破区域间行政分割，减少市场中的行政风险，企业间交易成本降低，促进商业信用等市场化融资方式的有效使用，改善企业资本结构，降低企业融资成本（连军，2012；郑军等，2013）。（3）市场化程度越高，资本结构的调整速度越快，资本结构偏离目标资本结构的程度会越低（姜付秀等，2011）。从市场化进程区域差异的影响来看，市场化程度低的地区，其融资约束更高、企业融资成本更高，资本结构调整速度越慢（姜付秀等，2011；徐明东等，2012；罗正英等，2015）。

区域市场化进程的上述作用对不同地区不同时期的企业资本结构波动会产生比较大的影响。首先，区域市场化加快可以降低融资约束，而融资约束的减轻可以降低企业资本结构的波动程度（王明虎等，2015）。其次，区域市场化程度的加快可以降低融资成本，而融资成本的降低可以提高市场资本流通的速度，从而减轻企业资本结构波动的幅度。最后，从动态资本结构波动的实际情况看，区域市场化程度的提高可以提高资本结构调整速度，减少资本结构偏离目标资本结构的程度，这就直接降低了企业资本结构波动的幅度。从上述论述看，区域市场化程度的提高，有利于降低企业资本结构波动幅度，由此我们提出研究假设：

假设3：区域市场化程度越高，企业资本结构波动幅度越低。

（四）政府干预与资本结构波动

在我国社会主义市场经济体制中，政府对市场经济的干预是宏观经济调控的必要手段。政府对经济的干预有各种渠道，其经济后果也很繁杂，本书主要就政府干预对企业融资行为的影响做一简单的综述。政府干预对企业融资的影响主要有以下方面：（1）对于特定产权性质企业融资的干预。政府会基于投资冲动、扶持地方上市公司发展、帮助国有企业脱困等各种动机，通过对所辖区域内金融机构的干预，给予国有及国有控股企业信贷支持，造成国有及国有控股企业银行信贷资本比例较高（肖作平，2010；李跃等，2007；余明桂等，2008，祝继高等，2015）。（2）地方政府对企业融资的干预导致不同企业融资成本存在差异。一些学者研究认为，政府干预导致国有及国有控股企业能够以比较低的价格获得银行信贷资本，在财务危机时可以通过重组等方式予以纾解，降低了财务困境成本（肖作平，2010；祝继高等，2015）；也有学者认为，政府干预给企业带来了更大的不确定性，引发经营风险，从而导致更高的权益资本成本（肖浩等，2010）。（3）政府干预对区域内企业融资渠道形成一定的影响，国有企业更少提供商业信用，其他企业提供的商业信用也相应降低（曹向等，2013）。（4）政府干预使国有及国有控股企业有更大的便利调整资本结构，其资本结构调整速度更快（陈杰，2012）。

从上述研究结果看，政府干预对资本结构波动的影响有两个方面：一方面，对于国有及国有控股企业，政府干预通常使国有或国有控股企业获得更多的市场融资便利，其财务弹性更大，融资约束更低，资本结构调整速度更快，资本结构偏离目标结构的程度更小，所有这些都会使企业资本结构波动幅度更小。另一方面，政府干预扭曲了所在区域的资本市场运行规则，降低了资本市场融资效率，使非国有企业融资难度加大，从而可能增大所在区域非国有及非国有控股企业的资本结构波动幅度。由此我们提出如下研究假设：

假设4：区域政府干预程度越大，辖区内国有及国有控股企业相比非国有及非国有控股企业，其资本结构波动幅度越小。

（五）区域金融发展与资本结构波动

随着我国社会主义市场经济改革的逐步推进，我国金融发展也呈现出稳步前进的态势，然而由于各地区在经济基础、资源禀赋等方面存在的差异，加上国家宏观金融对各地区的差异政策，我国各地区金融发展水平存在差异。从现有研究成果看，金融发展对企业融资的影响可以从两方面进行分析：一方面，金融发展水平的提高，可以提高所在区域的金融机构的竞争程度，减少政府对金融体系运行的干预，从而提高金融市场资本配置的效率，降低企业融资约束（饶华春，2009；唐建新等，2009；黄志忠等，2013）；由于金融发展水平的提高，资本市场融资效率提高，企业融资成本降低（李四海等，2015）。另一方面，由于我国区域金融发展水平的差异性，不同地区在融资方面也有一定的区别。由于区域金融发展水平的差异，使得金融发展水平高地区企业获得更多的银行信用支持，其商业信用提供的数量增加；由于区域金融发展水平的提高，金融机构对企业监控能力增强，从而提高了债务治理的效率，这些都能够降低所在区域的融资成本和融资约束（余明桂等，2010；李四海等，2015）。

根据上述研究结果，金融发展对企业资本结构波动的作用可以从两方面分析，首先，金融发展降低了融资约束和资本成本，这有利于企业资本结构波动程度的下降（王明虎等，2015）；其次，与金融发展水平低的地区相比，金融发展水平高的地区融资约束低、成本低，因而有较低的资本结构波动。由此我们提出如下研究假设：

假设5：金融发展水平的提高可以显著抑制资本结构波动。

(六) 企业成长对资本结构波动的影响分析

当企业规模保持不变时，企业不存在增量筹资的必要，因此在其他因素不变的情况下，企业资本结构不发生变动，因此不会存在资本结构波动。实务中，由于企业规模的变动，企业发生资产规模增加（或减少），此时大多数企业并不会立即从保持资本结构稳定的目的出发按既定资本机构多渠道筹资，而往往从某一个单独融资渠道进行资本总量的调整，造成资产负债率增加或减少，等到下一次资本总量调整时，才可能根据实际资本结构偏离目标资本结构的程度，变更融资渠道，使实际资本结构逐步调整到目标资本结构。为研究方便，我们对企业成长时资产规模变动、融资方式选择和期限做如下假定：

（1）企业在一个规定期间 e 内完成增资和资本结构调整，资产规模的目标增长率为 g；

（2）在一个资本结构调整周期内，企业资产单调增加；

（3）企业融资方式单项交替调整，即在期间 [0, b] 和 [d, e] 内，企业采取增加负债的方式扩充资产；而在期间 [b, c] 和 [c, d] 内，企业采取增加所有者权益的方式进行增资；

（4）假定企业总资产规模为 a，初始阶段资产负债率为 $r^* = (r_h + r_l)/2$；

（5）企业每次调整资产规模，其增量资产限定为 Δ。

在企业持续成长的限定条件下，企业资本结构调整方式类似于第二章所述的资本结构调整方式Ⅳ。根据第二章对资本结构调整方式Ⅳ的研究，一个周期内企业资产规模变动和实际资本结构函数列示如表 3-1 所示。

表3-1　一个周期内企业资产规模和实际资本结构函数一览表

阶段	时间区间	函数表达式 f(x)	期末总资产
一	$[0,b]$	$f(x) = (ar^* + \Delta x)/(a+\Delta x)$ $= r^* + \Delta(1-r^*)x/(a+\Delta x)$	$a+b\Delta$
二	$[b,c]$	$f(x) = (ar^* + b\Delta)(a+x\Delta)$ $= r^* + \Delta(b-r^*x)/(a+\Delta x)$	$a+c\Delta$
三	$[c,d]$	$f(x) = (ar^* + b\Delta)/(a+x\Delta)$ $= r^* + \Delta(b-r^*x)/(a+\Delta x)$	$a+d\Delta$
四	$[d,e]$	$f(x) = [ar^* + (b+x-d)\Delta]/(a+x\Delta)$ $= r^* + \Delta[(1-r^*)x+b-d]/(a+\Delta x)$	$a+e\Delta$

表3-1中，$b = a(r_h - r_l)/[2\Delta(1-r_h)]$，$c = b/r^*$，$d = a(r^* - r_l) + b\Delta]/(\Delta r_l)$，$e = (d-b)/(1-r^*)$。经过进一步整理，我们可以推导出 e 的值为：

$$e = [a(r_h - r_l)(1-r^*)]/[\Delta r_l(1-r_h)] \tag{1}$$

根据假设可知 $a + e\Delta = a + ag$，可得如下公式：

$$g = e\Delta/a \tag{2}$$

将（3）式代入（4）式，得：

$$g = [(r_h - r_l)(1-r^*)]/[r_l(1-r_h)] \tag{3}$$

根据（3）式，g 主要受 r^*、r_l 和 r_h 的影响。由于 r^* 相对稳定，企业若要在限定时间内提高资产规模，可以考虑的途径是提高 r_h，降低 r_l。为研究方便，我们假定有两个企业：企业1和企业2，其实际资本结构与时间之间的关系分别为 $y = f(x)$ 和 $y = \varpi(x)$。企业1和企业2具有相同的资本结构波动周期 $[0, e]$，具有相同的目标资本结构 r^*；在区间 $[0, c]$ 内，恒有 $f(x) > \varpi(x) > r^*$，在区间 $[c, e]$ 内，恒有 $f(x) < \varpi(x) < r^*$，如图3-1所示。

第三章 上市公司资本结构波动驱动因素分析

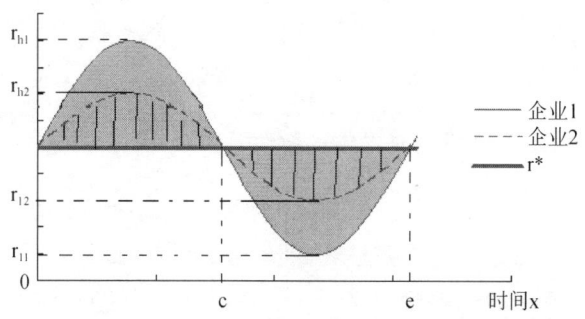

图 3-1 不同资本结构上下限对资本结构波动影响

根据以上条件可知，在区间 [0, e] 内，恒有：

$$|f(x) - r^*| > |\varpi(x) - r^*|$$

根据第二章公式（1），在区间 [0, e] 内企业 1 的实际资本结构波动幅度大于企业 2。也就是说，资本结构调整上下限的扩张能够助推资本结构波动。因此当企业成长性提高时，资产规模增长速度加快，在目标资本结构不变的情况下，企业资本结构调整上下限的扩张导致资本结构波动幅度增大。因此我们提出如下研究假设：

假设 6：企业成长性越高，其资本结构波动幅度越大。

（七）企业产权性质与资本结构波动

在我国，不同产权性质企业的融资环境有比较大的差异。国有及国有控股企业得到了更多的融资支持，形成了对非国有企业的融资歧视（祝继高等，2012；刘津宇等，2014）。因此，在每次融资过程中，国有企业可以获得更大规模资本支持，以更快的速度调整资本结构，因此按照前述有关资本结构调整速度与资本结构波动之间的关系来看，国有及国有控股企业资本结构波动幅度更低。由此我们提出研究假设：

假设7：等同情况下国有控股企业资本结构波动幅度低于非国有控股企业。

（八）企业规模与资本结构波动

与小企业相比，大企业资本结构受到短期内资本增减调整引发的冲击波动更小，这可能来自以下几个方面因素：（1）大企业更注重发展的战略性（朱小斌、颜光华，2006；谢绚丽、赵胜利，2011），因此临时性资本调整发生的概率更小；（2）大企业资本规模较大，临时性资本总量调整对资本结构影响相对较小；（3）大企业抗击外部冲击能力更强，其目标资本结构比小规模企业更稳定，因此其资本结构波动更小。

此外，大企业还可能因为较低的融资约束而产生对资本结构波动的限制。与小企业相比，大企业融资约束更低。首先，根据权衡理论，规模越大的公司，一般具有较强的风险分散能力（Titman and Wessels，1988），企业就越容易利用外部融资来对资本结构进行调整，使得资本结构波动变小；其次，规模越大的公司，受投资者关注较多，信息不对称程度降低（Zingales，1995；黄辉，2009），所以更容易获得多种融资支持，对资本结构进行调整，使得资本结构的波动变小；最后，大规模公司的多元化程度较高（Tong，2011），经营活动产生的现金流相应较均衡。均衡现金流为公司提供了一个低成本资本结构调整的机会，因而调整的速度更快（Faulkender et al.，2008）；此外，大企业更有能力承担资本结构调整支付的固定成本（常亮，2013）。针对以上分析，规模大的企业，受到的融资约束相对较小，更易于从外部获得投资所需的资金进行资本结构的调整，使得资本结构波动变小。因此，本书提出如下研究假设：

假设8：由于规模较大的企业资本结构调整的可能性更低，

融资约束更小，其资本结构波动程度较低。

(九) 盈利能力对资本结构波动的影响

企业盈利能力对融资有很大的影响，从而会间接影响资本结构波动。第一，盈利能力强的企业，其经营风险一般比较低，容易获得商业信用、银行信贷等融资支持。第二，企业盈利能力越强，其留存收益以及获取增量股权投资的可能性越大。第三，企业盈利能力越强，其自身通过留存收益获取权益资本的能力较大，因此其负债水平相对较低，存在较大的财务弹性，更容易获得多种融资支持（马春爱，2009），以对资本结构进行调整，使得资本结构的波动变小；相比之下，盈利能力低的企业融资约束更大，资本结构调整速度更慢，因此其资本结构波动幅度更大。因此，本书提出如下研究假设：

假设9：企业盈利能力越强，资本结构波动幅度越小。

二、资本结构波动因素研究设计

(一) 数据来源和处理

本书利用国泰安经济金融研究数据库（CSMAR）收集我国A股上市公司年报和季报财务数据，样本区间为2002~2015年[①]，剔除金融类企业数据；本书采用winsorized对主要变量所有小于1%（大于99%）的分位数进行缩尾处理，删除资产负

---

① 在2002年前上市公司不公布季度报告，无法计算年度资本结构波动 flu 数据。

债率大于 100% 的样本,以及一些极端值样本。经过上述处理后,最终得到 25720 个公司年度完整观测样本。

(二) 模型设计和变量定义

1. 分析模型

我们建立以下分析模型:

$$flu = \alpha + \beta_1 GDP + \beta_2 DKL + \beta_3 MI + \beta_4 jrimkt + \beta_5 zfgy + \beta_6 grow + \beta_7 control + \beta_8 lna + \beta_9 margin + \beta_{10} ratio + \beta_{11} turnover + \beta_{12} aleverlag + IND^* + \varepsilon \tag{1}$$

2. 变量定义

本书用某一时期内企业资产负债率的标准差来衡量资本结构波动。[①] 利用上市公司年度和季度报告,我们得到每年四个季度末和年初的资产负债率的值,计算这些资产负债率的标准差,作为 flu 的年度观测值。

从我国现阶段货币政策特征来看,存款准备金率是中央银行调整货币政策的主要工具,因此我们用存款准备金率来计量货币政策的宽松程度;考虑到资产负债率是影响资本结构波动的重要变量,我们将资产负债率上移一年,避免资产负债率和资本结构波动之间的内生性影响。

各变量定义及取值方式如表 3-2 所示。

表 3-2　　　　　　　　模型变量定义表

变量名	取值方式
flu	某一会计期间内年初、年末和中间三个季度末企业资产负债率的标准差

---

① 现有文献研究实际资本结构与目标资本结构的偏离程度时,主要考察某一时期期初和期末偏离程度变化,不能全面反映资本结构波动的全貌;本书采用负债率标准差更全面衡量资本结构波动程度。

续表

变量名	取值方式
GDP	年度全国 GDP 增速
DKL	年度央行公布存款准备金率均值
MI	中国各区域市场化指数，采取樊纲和王小鲁系列研究报告数据①
jrimkt	中国各区域金融市场化指数，采取樊纲和王小鲁系列研究报告数据
zfgy	中国各区域政府干预指数，采取樊纲和王小鲁系列研究报告数据
grow	公司本年度与上年度相比总资产增值比例
control	控股股东产权性质，0 为民营控股，1 为国有控股
lna	公司某一年度内各季度末总资产对数的均值
margin	公司年度毛利率
aleverlag	上年度公司 alever 值
alever	公司某一年度四个季度资产负债率的均值
ratio	有形资产比例
turnover	公司年度总资产周转率
IND	公司所属行业，按证监会行业划分

（三）分析软件

本书所有统计分析使用 STATA12 软件实现。

三、各主要因素对资本结构波动影响的实证研究结果分析

（一）描述性统计

主要变量描述性统计如表 3-3 所示。

---

① 由于樊纲和王小鲁系列报告并未披露 2009 年后中国各区域市场化指数，本部分研究的各区域 2009 年以后的指数是根据 2002~2009 年度指数自然平滑得到的数据。

表 3-3　　　　　　　主要变量描述性统计表

变量名	观测值数	均值	标准差	最小值	最大值
flu	25720	0.0516	0.0738	0.0036	1.0001
GDP	25726	0.0920	0.0196	0.069	0.1416
DKL	25726	0.1538	0.0543	0.06	0.205
MI	25726	9.4832	2.7484	0.29	14.9748
jrimkt	25726	10.7591	2.6938	0.73	15.7842
zfgy	25726	9.5725	1.8069	-4.66	13.1452
grow	22751	0.1907	0.4195	-0.3705	2.9445
control	25726	0.4764	0.4994	0	1
lna	25723	21.6523	1.3211	13.0760	30.6568
margin	25692	0.0634	0.2692	-2.3090	0.6438
ratio	25566	0.4141	0.1882	0.0153	0.8396
turnover	25723	0.6372	0.4614	0.0297	2.5942
alever	25720	0.4669	0.2184	0.0500	1.0000

从表 3-3 数据看，flu 均值为 0.0516，与王明虎等 (2015) 统计结果接近，总体波动水平并不高；grow 均值为 0.1907，标准差为 0.4195，说明我国上市公司平均成长性比较高，但不同企业之间差异比较大；从负债水平看，平均资产负债率为 0.4669，没有达到 50%，总体水平比较低；margin 均值 0.0634，说明我国上市公司总体盈利能力比较弱。

（二）主要变量之间的 Pearson 相关性检验分析

我们将主要变量之间的 Pearson 相关性检验结果列示如表 3-4 所示。

第三章 上市公司资本结构波动驱动因素分析

表 3-4　　主要变量 Pearson 相关性检验统计表

	flu	GDP	DKL	MI	jrimkt	zfgy	grow	control	lna	margin
flu	1.000									
GDP	-0.014*	1.0000								
DKL	-0.008*	-0.573*	1.000							
MI	-0.002*	-0.373*	0.583*	1.000						
jrimkt	-0.002*	-0.488*	0.788*	0.837*	1.000					
zfgy	-0.014*	-0.285*	0.545*	0.836*	0.749*	1.000				
grow	0.316*	-0.027*	0.074*	0.049*	0.060*	0.040*	1.000			
control	-0.051*	0.154*	-0.214*	-0.237*	-0.213*	-0.172*	-0.053*	1.000		
lna	-0.102*	-0.127*	0.202*	0.137*	0.186*	0.137*	0.165*	0.260*	1.000	
margin	-0.057*	-0.010	0.077*	0.099*	0.086*	0.081*	0.197*	-0.023*	0.186*	1.000

注：* 表示 10% 显著性水平

从表 3-4 中数据看，flu 与模型主要变量显著相关，这初步证明了本部分假设的正确性。

（三）多元回归分析结果

多元回归分析具体见表 3-5。

表 3-5　　多元回归分析统计表

自变量	估计参数	T 值	显著性水平
GDP	-0.2323	-8.14	0.000
DKL	-0.0228	-1.69	0.09
MI	-0.0010	-3.06	0.002
jrimkt	-0.0001	-2.15	0.031
zfgy	-0.0009	-2.16	0.031
grow	0.0576	57.59	0.000

续表

自变量	估计参数	T 值	显著性水平
control	-0.0001	-2.02	0.040
lna	-0.0121	-31.18	0.000
margin	-0.0160	-9.64	0.000
ratio	-0.0333	-13.56	0.000
turnover	0.0049	5.08	0.000
aleverlag	0.0913	40.85	0.000
IND	控制	控制	控制
截距	0.2796	14.50	0.000
因变量	flu	R^2	0.2082
观测值数	22582	F 值	186.59

从表 3-5 中数据看，grow 与 flu 显著正相关，证明了假设 6 的正确性；GDP、DKL、MI、jrimkt、zfgy、control、lna、margin 与 flu 显著负相关，证明了假设 1 至假设 9 的正确性。其他变量的回归分析结果也基本符合理论，在此不再一一分析。

（四）进一步分析

上述各主要因素除其本身对资本结构波动有影响外，相关因素还会共同作用于资本结构波动，形成叠加影响，接下来就一些主要因素的联合影响进行分析。

1. 货币政策、企业成长对资本结构波动的联合影响

货币政策的紧缩会降低企业资本结构波动，但同时也会限制企业成长，而企业成长速度的提高又会促进资本结构波动幅度增加，因此综合考虑货币政策和企业成长对资本结构波动的影响就显得非常必要。我们仍利用前文的数理分析结论来进行进一步研究。根据 $g = [(r_h - r_l)(1 - r^*)] / [r_l(1 - r_h)]$，g 增加导致企业

提高 r_h，降低 r_l。当货币政策宽松时，Δ 上升，促使企业降低资本结构调整上下限，这两方面对资本结构波动的影响会相互抵销；而当货币政策紧缩时，Δ 下降，考虑 g 增加的情况下，企业会进一步提高 r_h，降低 r_l，从而形成资本结构波动的叠加效应。由此我们提出如下研究假设：

假设 10：其他条件不变的情况下，处于货币政策紧缩阶段，企业成长推动资本结构波动的程度要强于货币政策宽松阶段。

2. 市场化程度的提高对不同产权性质企业资本结构波动影响差异的抑制

前文论述表明，由于国有产权在融资方面的优势，其资本结构波动水平相对非国有产权企业低，这是建立在金融市场对国有产权企业的倾斜、非国有企业具有融资劣势，以及地方政府对金融市场的干预的背景下造成的；随着地区市场化程度的提高，区域金融发展加快，政府对金融市场运行干预减少，非国有产权和国有产权企业在融资方面待遇差异会降低，因此随着市场化程度的提高，国有产权与非国有产权在资本结构波动方面的差异减少。因此我们提出如下研究假设：

假设 11：区域市场化程度的提高能降低不同产权性质企业资本结构波动影响差异

3. 宏观经济发展不同阶段市场化进程提高对资本结构波动影响的非对称性

前文研究已证明宏观经济发展速度的提高对资本结构波动有抑制作用，而从我国目前经济发展态势看，超过 10% 以上的 GDP 增长速度在短时间内很难再出现和持续。在不同的宏观经济发展速度下，市场化进程的提高是否会对企业资本结构波动产生不同影响呢？根据前文的理论分析，宏观经济发展主要通过资本结构调整速度和方式来对资本结构产生影响。市场化程度的提高，能有效缓解金融市场对宏观经济发展周期的冲击，保障市场资金供给的速度与效率；相反，市场化进程低的地区，其受宏观经济冲击的影响更大。从这一点来看，市场化程度越高的地区，宏观经济发展对资本结构波动影响相对较小，而市场化程度越低的地区，其资本结构波动受宏观经济发展影响更大。由此我们提出如下研究假设：

假设12：市场化程度的提高能够抑制宏观经济发展速度对资本结构波动的影响。

4. 实证检验

（1）假设10的检验。为检验假设10，我们在模型（1）中增加变量DKLgr，其取值方式是年度DKL的值乘以样本公司年度grow的值，并以前述2002~2015年度上市公司财务数据重新对模型进行多元线性回归，结果如表3-6所示。

表3-6　　　　　假设10实证检验统计表

自变量	估计参数	T值	显著性
GDP	-0.2246	-7.86	0.000
DKL	-0.0381	-2.62	0.009
grow	0.0381	9.25	0.000
DKLgr	0.1129	4.89	0.000
MI	-0.0010	-2.08	0.035
jrmikt	-0.0010	-1.98	0.044
zfgy	-0.0001	-2.28	0.023
control	-0.0001	2.10	0.034
lna	-0.0120	-30.91	0.000
margin	-0.1538	-9.26	0.000
ratio	-0.0329	-13.39	0.000
turnover	0.0050	5.17	0.000

第三章 上市公司资本结构波动驱动因素分析

续表

自变量	估计参数	T值	显著性
aleverlag	0.0910	40.74	0.000
IND	控制	控制	控制
截距	0.2799	14.52	0.000
因变量	flu	R²	0.2090
观测值数	22582	F值	181.85

从表3-6数据看,加入DKLgr后,DKL和grow回归的系数方向没有变化,显著性仍存在,但增加的变量DKLgr显著为正,说明当存款准备金率提升后,grow对资本结构波动影响在增加,这就验证了假设10的正确性。其他各主要变量回归结果与表3-5类似,不再讨论。

（2）假设11和假设12的检验。为检验市场化程度对不同宏观经济增长速度以及不同产权性质与资本结构波动关系影响,我们把样本公司分为东部地区公司和中西部部地区公司两组进行回归,结果如表3-7所示。

表3-7　　假设11和假设12实证检验统计表

自变量	中西部地区	东部地区
GDP	-0.2133*** (-5.00)	-0.1508*** (-3.68)
DKL	-0.0027** (-2.26)	-0.0419** (-2.78)
grow	0.0572*** (37.27)	0.0567*** (43.32)
control	-0.0010** (2.29)	-0.0003* (1.83)
lna	-0.0119*** (-20.56)	-0.0108*** (-21.62)
margin	-0.0219*** (-9.43)	-0.0013 (-0.55)
其他变量	控制	控制
观测值数量	10163	11969
F值	283.34	344.29
R²	0.1932	0.2058

从表 3-7 数据看，东部地区样本量要超过中西部地区，说明我国上市公司中，东部地区公司数略多于中西部地区，这与我国经济发展的区域性差异有很大的关系。与中西部地区相比，东部地区 GDP 和 control 对因变量的影响系数绝对值减少，显著性下降，这就证明了假设 11 和假设 12 的正确性。

（五）稳健性检验

我们以连续 5 年年末负债比例的标准差 flu5 作为资本结构波动的衡量指标，重新对模型进行多层次回归分析。表 3-8 是以 5 年为期限的样本企业资本结构波动描述性统计。

表 3-8　　5 年期限资本结构波动描述性统计表

观测值数	均值	标准差	最小值	最大值
15179	0.1081	0.2242	0.0093	2.8341

从表 3-8 数据看，5 年期企业资本结构波动的均值为 0.1081，超出 1 年期资本结构波动水平近 1 倍，说明随着时间的延长，企业资本结构波动幅度增大。

多元回归分析结果如表 3-9 所示。

表 3-9　　稳健性检验分析表（替换因变量）

自变量	估计参数	T 值	显著性
GDP	-0.6052	-3.65	0.000
DKL	-0.0566	1.63	0.098
MI	-0.0001	-2.03	0.039
jrmikt	-0.009	-1.67	0.099
zfgy	-0.0016	-2.05	0.039
grow	0.0801	20.60	0.000

续表

自变量	估计参数	T值	显著性
control	-0.0158	-4.35	0.000
lna	-0.0353	-23.70	0.000
margin	0.0092	1.33	0.183
ratio	-0.0490	-4.95	0.000
turnover	0.0162	4.17	0.000
alever	0.2097	23.01	0.000
IND	控制	控制	控制
截距	0.7266	11.55	0.000
因变量	flu5	R^2	0.0932
观测值数	15043	F值	49.31

从表3-9数据看，除margin外，其余变量与表3-5回归系数方向相同，且具有统计显著性，进一步证明了本书主要假设的正确性。margin与5年期资本结构波动水平不存在显著关系，可能是因为从一个比较长的时间看，企业盈利能力本身有比较大的变动，这种变动可能形成对企业融资的干扰，从而造成较长时间视界情况下，企业盈利能力与资本结构波动关系不明显。

四、本章小结

本章通过对上市公司2002~2015年财务报告数据和其他有关指标数据，运用数理模型分析和多元线性回归等方法，检验了主要因素对资本结构波动的影响。结果表明：宏观经济增长速度越快，资本结构波动幅度越小；货币政策的宽松有助于资本结构波动的提升；区域市场化程度的提高有利于抑制资本结构波动；

所在区域政府干预程度的提高有利于国有控股企业资本结构的稳定性，但不利于非国有控股企业资本结构保持稳定；区域金融发展水平的提高有利于舒缓资本结构波动；企业的成长助推资本结构波动；企业规模越大，其融资约束更小，资本结构波动程度降低；企业盈利能力的提高能约束资本结构波动。

上述各主要因素除单独对资本结构波动产生影响外，还会对资本结构波动产生联合影响，本章通过进一步研究发现：在其他条件相同的情况下，处于货币政策紧缩阶段时，企业成长对资本结构波动的推动作用要大于货币政策宽松阶段；区域市场化程度的提高有利于降低不同产权性质企业资本结构波动影响差异；市场化程度的提高能够抑制宏观经济发展速度对资本结构的影响作用。

根据上述研究结果，缓解企业资本结构波动应该从多维度因素入手。具体来说，中央和地方政府可以从宏观经济调控、金融政策调整、市场经济体制改革、推动区域市场化、改进政府工作方式等方面开展工作；而从企业角度来看，适度把握发展速度，提高盈利能力，改善融资环境是抑制资本结构波动的主要措施。

第四章 资本结构波动与企业价值关系：资本成本视角

资本结构波动与企业价值关系：资本成本视角

本书第二章和第三章分别研讨了企业资本结构波动的机理，并用实证研究方法将宏观、中观和微观因素结合起来，考察各层次因素对资本结构波动的驱动作用。在第四至第六章中，本书仍以我国上市公司财务数据为依据，运用实证研究方法分别从债务资本成本、财务风险和费用粘性角度讨论资本结构波动对企业价值的影响。鉴于资本成本、财务困境和费用粘性从相对独立的角度影响企业价值，本书将上述三个研究视角分别独立成章，通过三章研究结论综合评判资本结构波动与企业价值关系。本章主要研究资本结构波动如何具体影响企业债务成本。资本结构是影响资本成本的重要因素，而宏观经济增长除对债务资本成本有直接影响外，还对资本结构波动与债务资本成本关系有较大的作用。因此本章还引入宏观经济增长背景,综合分析宏观经济、资本结构波动对债务资本成本的影响。

一、资本成本与资本结构波动关系理论分析和假设提出

(一) 文献回顾

资本成本是资本结构决策的重要考量因素,而债务资本成本是企业加权平均资本成本的主要构件。从静态资本结构角度分析,资本结构是影响债务资本成本的重要因素,企业负债比例越高,债务资本成本越高。除资本结构外,完善的公司治理、有效的内部控制、较高信息透明度和发达的金融市场环境等都有利于债务资本成本的降低 (Amihud and Mendelson, 1986; Ashbaugh et al., 2004; Ge and Qiu, 2007; 蒋琰, 2009; 王艺霖等, 2014)。在我国,国有产权企业能获得更低成本的负债融资 (Ge and Qiu, 2007; 李广子等, 2009),经济发展较快的地区债务融资成本更低 (王明虎等, 2013); 规模大的企业在债务融资中能得到更多的优惠 (王明虎, 2010)。

宏观经济发展形势对企业融资有较大的影响,根据金融加速器理论,在经济衰退时期,企业净值减少,代理成本增加,偿债能力下降,因此债权人会要求更高的利息 (Bernanke and Gertler, 1989); 同时,经济衰退时,企业股票融资受限,更多企业偏向负债融资 (Korajczyk and Levy, 2003; 苏冬蔚和曾海舰, 2011)。此外,股权资本结构波动对宏观经济增长影响存在地区差异 (何燕等, 2010)。

第四章　资本结构波动与企业价值关系：资本成本视角

在动态资本结构调整理论研究中，学者们更关注资本结构调整成本对资本结构动态调整速度的影响（Myers，1984；Leary and Roberts，2005；李国重，2006）；近年来，少数学者开始研究资本结构动态调整与资本成本之间的关系。陈杰（2012）发现，企业资本成本越高，资本结构调整速度越慢。而陈少华等（2013）进一步研究发现，债务资本成本对公司资本结构的调整速度有显著的正向影响。实际资本结构与目标资本结构的偏离程度是动态资本结构调整理论关注的焦点之一，很多学者用期初和期末实际资本结构与目标资本结构偏离程度的变动来估计资本结构调整速度（Hovakimian et al.，2001；童勇，2004；姜付秀和黄继承，2011）。此外，一些学者注意到，由于资本结构调整成本的存在，企业的实际资本结构不会完全调整到目标资本结构，而是和目标资本结构保持一定的距离范围（Leary and Roberts，2005；顾乃康、王贵银，2012）。

随着动态资本结构调整理论研究的深入，资本结构的波动/稳定性近期受到学者关注。一些学者经研究发现，企业的资本结构对未来资本结构有重大影响，公司之间资本结构的差异性主要由初始资本结构所决定，因此资本结构具有一定的稳定性（Lemmon et al.，2008；周开国等，2012）。资本结构波动对企业价值有不利影响（王明虎等，2014）。

综观动态资本结构研究，我们可以得到以下初步结论：（1）对宏观经济如何影响企业融资成本还没有形成明确结论；（2）从资本结构动态调整过程研究看，主要考察资本成本本身对资本结构动态调整的影响，较少关心资本结构动态调整中资本成本的变化；（3）研究实际资本结构与目标资本结构的偏离程度时，对这种偏离的经济后果关注不足。从研究方法看，主要考察某一时期期初和期末偏离程度变化，不能全面反映资本结构波动的全貌。

(二) 资本结构波动与债务资本成本关系分析

1. 资本结构波动与债务资本成本关系的数理分析

根据财务理论,企业负债比例越高,其债务资本成本越大,且债务资本成本增长随负债比例提高呈加速趋势。根据这一理论,假定企业债务资本成本 C 是负债比例 L 的函数,则函数 C = f (L) 的一阶导数和二阶导数均为正值。

现假定某一时期内企业 A 和 B,负债比例都围绕 L^* 上下波动,A 企业上下波动幅度为 ΔL,B 企业上下波动幅度为 $2\Delta L$,我们将资本结构波动与债务资本成本关系用图 4-1 来表示。

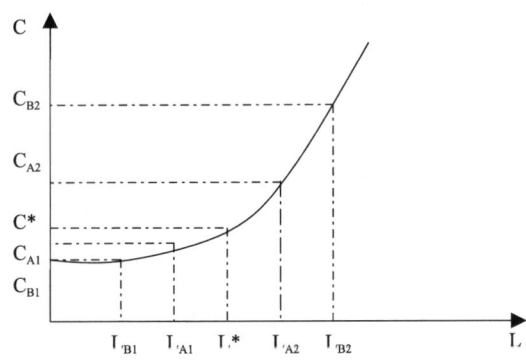

图 4-1 资本结构波动与债务资本成本关系

如图 4-1 所示,A 企业资产负债率以 L^* 为中心,在 L_{A1}、L_{A2} 之间上下波动,$L_{A2} - L^* = L^* - L_{A1} = \Delta L$;B 企业资产负债率以 L^* 为中心,在 L_{B1}、L_{B2} 之间上下波动,$L_{B2} - L^* = L^* - L_{B1} = 2\Delta L$,则变量 L 在 [$L_{B1}$ L_{B2}] 之间按 ΔL 等幅度增加。C_{B2}、C_{A2}、C^*、C_{A1}、C_{B1} 分别为当企业负债率为 L_{B2}、L_{A2}、L^*、L_{A1}、L_{B1} 时的债务资本成本值。

第四章 资本结构波动与企业价值关系：资本成本视角

由于函数 $C = f(L)$ 的一阶导数和二阶导数均为正值，$\frac{\partial C}{\partial L} > 0$，$\frac{\partial^2 C}{\partial^2 L} > 0$，因此我们得到：

$$(C_{B2} - C_{A2}) > (C_{A2} - C^*) > (C^* - C_{A1}) > (C_{A1} - C_{B1}) \quad (1)$$

根据式（1）可得：

$$C_{A2} + C_{A1} > 2C^* \quad (2)$$

$$C_{B2} + C_{B1} > C_{A2} + C_{A1} \quad (3)$$

将不等式（2）和（3）两边同时除以 2，得到：

$$(C_{A2} + C_{A1})/2 > C^* \quad (4)$$

$$(C_{B2} + C_{B1})/2 > (C_{A2} + C_{A1})/2 \quad (5)$$

由不等式（4）可知，当企业资本结构围绕某一中心上下波动时，其平均资本成本要大于资本结构保持不变时的资本成本；由不等式（5）可知，随着资本结构上下波动程度的提高，其平均资本成本会增加。

2. 资本结构波动与债务资本成本关系的演绎分析

由于我国政府对证券市场的宏观控制，大部分企业不能主动利用股票市场调整资本结构，债务融资（主要是商业银行信贷和债券）成为资本结构调整的主要渠道（林毅夫、李永军，2001；张杰，2005；赵冬青等，2008）。因此，企业资本结构波动程度就与债务资本变动产生较为直接的关系，企业资本结构波动越大，说明企业越频繁调整债务资本。这种债务资本调整对债务资本成本的影响至少有以下三个方面：

（1）频繁变动债务融资势必提升债权人的监督成本。债权人为降低信贷风险，势必要对负债企业进行监督，这种监督主要通过债权人和负债企业之间的债务契约实现。如果企业频繁调整债务融资，就要经常变动与债权人之间的债务契约；或者向新债权人融资，制定新的债务契约，这样就会增加债权人的监督成本。债权人为获得融资收益，就会将这部分增加的监督成本通过利息等形式转移给负债企业，从而增加债务资本成本（Jensen and Meckling，1976）。

（2）频繁变动债务融资会引发交易成本上升。企业每一次调整债务融资，就要重新与债权人谈判，以制定新契约，在这个过程中还会发生诸如审计、担保、债券发行的申请相关费用等交易成本，这些交易成本作为债务资本成本的重要组成部分，将会提高企业资本成本。债务融资调整越多，交易成本越高，债务资本成本就越高。

（3）频繁变动债务融资会提高债权人的风险。企业频繁调整债务融资，或者更换债权人，就难以维持与债权人的长期合作关系，而与负债企业的长期合作关系是降低债权人融资风险的重要渠道（邓超等，2010）。企业如不能与债权人建立长期稳定的合作关系，就会增加债权人与负债企业之间的信息不对称程度，提高债权人风险，相应的，债权人就会要求更高的回报，导致负债企业资本成本上升。

根据上述分析，我们认为，企业资本结构波动，导致其频繁变动债务融资，引发债权人监督成本和风险的提高，同时增加了企业的交易成本，所有这些都会导致企业债务资本成本的增加。

结合数理分析和理论演绎的结果，我们提出如下假设：

假设1：企业资本结构波动越大，其债务资本成本越高。

3. 宏观经济发展和债务资本成本关系分析

从企业融资角度看，企业债务资本成本（C）主要取决于市场资本供应量（S）、债务资本需求（D）、借贷市场利率和企业自身风险（R）。由于我国2004~2012年贷款利率没有实现完全

第四章 资本结构波动与企业价值关系：资本成本视角

市场化①，商业银行主要根据央行贷款基准利率为依据发放贷款，导致借贷市场利率主要受制于央行政策，而与宏观经济发展保持一定的独立性。因此，本书主要以市场资本供应量（S）、债务资本需求（D）和企业自身风险（R）为依据，运用供需曲线分析宏观经济发展与债务资本成本关系，如图4-2所示。

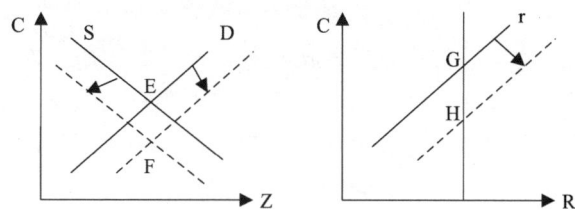

图4-2 宏观经济波动和债务资本成本关系

图4-2左坐标系中曲线S是减函数，表示随着市场资本供应量增加，债务资本成本下降；曲线D是增函数，表示随着企业债务资本需求增加，债务资本成本增加。右坐标系中r曲线为增函数，表示随着借款企业风险增加，债务资本成本增加。

我们根据前述已有文献研究，当宏观经济处于发展时期，企业可以通过股票、商业信用等方式融资，对银行信贷和债券等纯债务融资需求降低，债务资本成本降低，导致图4-2中D曲线下移。宏观经济发展也会通过金融市场流动性来影响债务资本成本。宏观经济发展较快时，市场货币流动性较大（谢朝华等，2007；刘明章等，2008），企业可以比较容易获得债务融资，导致图4-2中S曲线下移，债务资本成本由E点减少到F点。当宏观经济处于发展时期，代理成本降低，企业净值增加，经营风

---

① 2013年7月19日，我国央行宣布自7月20日开始，取消金融机构贷款利率0.7倍的下限，由金融机构根据商业原则自主确定贷款利率水平。

险降低，导致图 4-2 中 r 曲线下移，企业债务资本成本由 G 点降低至 H 点。

由此，我们提出如下假设：

假设 2：宏观经济发展能有效降低企业债务资本成本。

4. 宏观经济发展、资本结构波动与债务资本成本

根据假设 1 和假设 2，资本结构波动与债务资本成本成正比，宏观经济发展与债务资本成本成反比。但在实务中，债务资本成本还存在有社会平均资本利润率和无风险报酬率的上下限。如果用 G 和 F 分别表示宏观经济发展速度和资本结构波动程度，C 表示债务资本成本，R_M 和 R_F 分别代表社会平均资本利润率和无风险报酬率，则宏观经济发展、资本结构波动与债务资本成本的关系可能更接近于图 4-3。

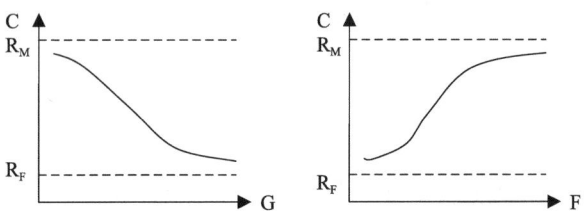

图 4-3　宏观经济发展、资本结构波动与债务资本成本关系图

由图 4-3 可知，当经济发展速度提高时，宏观经济发展对债务资本成本的抑制作用逐渐减弱，最终收敛于 R_F；但资本结构波动对债务资本成本的推动作用却并不受宏观经济的发展而产生倾向性变动，因此当宏观经济发展由低向高转变时，由于宏观经济波动对债务资本成本的影响逐渐减弱，资本结构波动对债务资本成本的影响更强烈。

由此我们提出如下假设：

假设 3：当宏观经济发展好转时，资本结构波动对债务资本

成本影响更大。

本书的研究假设思路可用图4-4来表示。

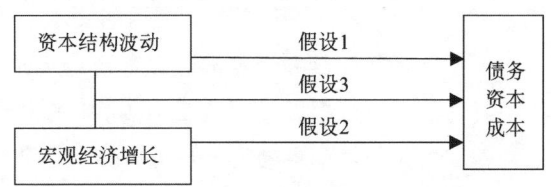

图4-4 本书研究假设思路分析图

二、资本结构波动与债务资本成本关系研究设计

(一) 数据收集处理

本书利用国泰安经济金融研究数据库（CSMAR）收集我国A股上市公司年报和季报财务数据，样本区间为2002~2015年，剔除金融类企业数据；为了克服离群值的影响，本书采用winsorized对主要变量所有小于1%（大于99%）的分位数进行缩尾处理，删除资产负债率大于100%的样本，删除债务资本成本为极端值的样本。经过上述处理后，最终得到11969个年度观测样本。

(二) 模型设计和变量定义

1. 分析模型

我们建立以下分析模型：

$$Dcost = \alpha + \beta_1 flu + \beta_2 GDP + \beta_3 FluGDP + \beta_4 FF + \beta_5 rate + \beta_6 ratio + \beta_7 lna + \beta_8 grow + \beta_9 control + \beta_{10} mobility + \beta_{11} alever + \beta_{12}$$

margin + β_{13}Turnover + β_{14}Tax + β_{15}East + β_{16}IND + ε

2. 变量定义

(1) 债务资本成本 Dcost。由于商业信用的资本成本缺乏有效数据,我们主要以银行信贷和债券融资为对象,分析其资本成本与资本结构波动的关系。因此,因变量 Dcost 中的分母是长期借款、短期借款和应付债券的期初期末均值;分子是会计期间银行借款和债券利息的和。

(2) 资本结构波动 flu。本部分仍依据第三章的计量思路,以每年四个季度末和年初的资产负债率的值,计算这些资产负债率的标准差,作为 flu 的年度观测值。

ratio、lna grow、control、alever、margin、turnover 等变量定义见表 3-2,本章实证研究模型中其他变量定义如表 4-1 所示。

表 4-1　　　　　　　模型变量定义表

变量名	取值方式	变量性质
Dcost	(利息支出+资本化利息支出)/平均带息债务之和	因变量
flu	公司某一年度年初和四个季度末资产负债率的标准差	观测变量
GDP	年度全国 GDP 增速	观测变量
fluGDP	flu × GDPG	观测变量
GDPG	虚拟变量,当年 GDP 增速大于上年时取 1,否则取 0	中间变量
FF	flu × flu	观测变量
rate	央行规定一年期贷款基准利率平均数	控制变量
Mobility	速动比例	控制变量
Tax	公司年度所得税/本年利润	控制变量
East	公司是否属于东部地区,属于东部地区为 1,否则为 0	控制变量
IND	公司所属行业,按证监会行业划分	控制变量

3. 分析软件

本书所有统计分析使用 STATA12 软件实现。

三、资本结构波动对债务资本成本影响之实证研究结果分析

（一）描述性统计结果

各变量的描述性统计结果见表4-2。

表4-2　　　各研究变量描述性统计分析表

变量名	观测值数量	均值	标准差	最小值	最大值
Dcost	14886	0.0508	0.0244	0	0.0999
flu	14886	0.0433	0.0450	0.0036	0.8669
GDP	14886	0.0929	0.0200	0.069	0.1416
rate	14886	0.0581	0.0052	0.0506	0.0686
ratio	14857	0.4445	0.1789	0.0153	0.8396
lna	14886	21.7951	1.2969	17.6909	30.6568
grow	13640	0.1868	0.3804	-0.3705	2.9445
control	14886	0.5244	0.4994	0	1
mobility	14802	0.4853	0.8285	0	38.4208
alever	14886	0.5326	0.1827	0.1133	0.9992
margin	14883	0.0243	0.2704	-2.3090	0.6438
turnover	14886	0.6353	0.4510	0.0298	2.5842
tax	14886	0.1708	0.2009	-0.6899	0.8985
EAST	14886	0.4993	0.5001	0	1

从表4-2和表4-3数据看，负债融资资本成本均值为5.08%，大致与商业银行一年期借款利率均值差不多；flu均值为0.0433，与表3-3相比略低，总体来说资本结构波动并不大。GDP最高为0.1416，最低为0.069，说明我国2002~2015年GDP增长幅度有比较大的波动。alever均值达到0.5326，高

于表 3-3 数据，可能是样本不同导致；tax 的均值为 0.1708，未达到 18%，说明上市公司整体实际税负低于名义税负。

本章还把债务资本成本和资本结构波动按年度进行进一步分组描述性统计，具体见表 4-3 和表 4-4。

表 4-3　　　2002~2015 年 Dcost 描述性统计数据

年份	观测值数	均值	标准差	最小值	最大值
2002	836	0.0506	0.0234	0	0.0996
2003	863	0.0479	0.0228	0	0.0992
2004	929	0.0466	0.0225	0	0.0999
2005	899	0.0510	0.0232	0	0.0996
2006	910	0.0503	0.0233	0	0.1000
2007	901	0.0529	0.0245	0	0.1000
2008	873	0.0600	0.0243	0	0.1000
2009	996	0.0489	0.0235	0	0.1000
2010	1081	0.0460	0.0241	0	0.1000
2011	1136	0.0496	0.0252	0	0.0999
2012	1195	0.0526	0.0257	0	0.0998
2013	1358	0.0516	0.0247	0	0.0999
2014	1401	0.0523	0.0247	0	0.0997
2015	1508	0.0507	0.0251	0	0.0999

表 4-4　　　2002~2015 年 flu 描述性统计数据

年份	观测值数	均值	标准差	最小值	最大值
2002	836	0.0505	0.0493	0.0036	0.3256
2003	863	0.0606	0.0686	0.0036	0.4026
2004	929	0.0437	0.0408	0.0036	0.4221
2005	899	0.0371	0.0348	0.0036	0.4327
2006	910	0.0410	0.0410	0.0036	0.4027
2007	901	0.0451	0.0498	0.0036	0.8670
2008	873	0.0409	0.0361	0.0036	0.3559
2009	996	0.0390	0.0373	0.0036	0.3743
2010	1081	0.0412	0.0471	0.0036	0.6265

第四章　资本结构波动与企业价值关系：资本成本视角

续表

年份	观测值数	均值	标准差	最小值	最大值
2011	1136	0.0427	0.0427	0.0036	0.4667
2012	1195	0.0389	0.0379	0.0036	0.4208
2013	1358	0.0426	0.0484	0.0036	0.4307
2014	1401	0.0400	0.0390	0.0036	0.3396
2015	1508	0.0470	0.0462	0.0036	0.4164

将 2002～2015 年 Dcost 和 flu 的年度均值做成统计图如图 4-5 所示。

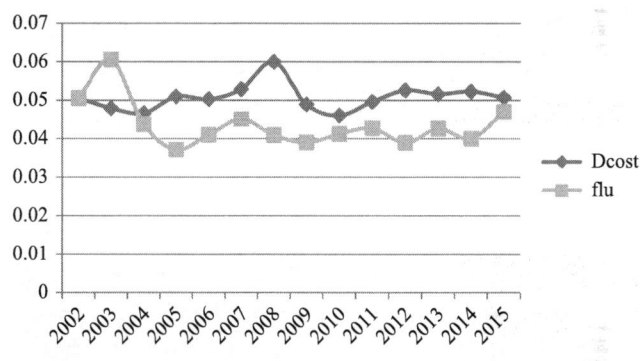

图 4-5　2002～2015 年 Dcost 和 flu 的年度均值散点图

从图 4-5 可以看出，2003～2011 年 Dcost 和 flu 走势基本一致；2012～2015 年有一些不同步，可能是因为影响融资成本的其他因素发生了重要变化（利率市场化、金融市场量化宽松政策等），抑制了资本结构波动对债务成本拉升的效应。

（二）相关性分析

本章对主要变量之间的关系进行相关性分析，具体如表4-5所示。

表 4-5　主要变量之间相关系数统计表

	Dcost	flu	GDP	rate	ratio	lna	grow	control	mobility	alever	margin	turnover	tax	EAST
Dcost	1.0000													
flu	-0.0764*	1.0000												
GDP	-0.0088*	-0.0137*	1.0000											
rate	0.0861*	-0.0395*	0.3069*	1.0000										
ratio	0.1610*	-0.1379*	0.1648*	0.0434*	1.0000									
lna	0.0492*	-0.1048*	-0.1828*	0.0151*	0.1019*	1.0000								
grow	-0.1167*	0.3594*	-0.0401*	-0.0222*	-0.1389*	0.1606*	1.0000							
control	0.0683*	-0.0708*	0.1213*	0.0163*	0.1645*	0.2186*	-0.0733*	1.0000						
mobility	-0.1229*	0.0782*	-0.0699*	-0.0076	-0.2628*	-0.0844*	0.0903*	-0.1121*	1.0000					
alever	0.1357*	-0.0074	0.1097*	0.0490*	0.1888*	0.3380*	-0.0248*	0.1983*	-0.3750*	1.0000				
margin	-0.0029	-0.0535*	-0.0109	0.0152*	-0.0168*	0.2166*	0.2170*	0.0069	0.1281*	-0.1134*	1.0000			
turnover	-0.0586*	-0.0386*	0.0688*	0.0947*	0.0252*	0.0369*	-0.0531*	0.0732*	-0.0875*	0.1585*	0.0453*	1.0000		
tax	0.0258*	-0.0396*	0.0242*	-0.0124	0.0344*	0.0882*	0.0564*	0.0286*	-0.0060	0.0302*	0.1835*	0.0671*	1.0000	
EAST	-0.0267*	0.0231*	-0.0565*	0.0146*	-0.0833*	0.0549*	0.0288*	-0.1549*	0.0710*	-0.0763*	0.0729*	0.0862*	0.0389*	1.0000

第四章 资本结构波动与企业价值关系：资本成本视角

从表4-5统计数据看，主要自变量与因变量之间存在显著相关关系，说明本书模型设计基本有效。

（三）实证分析结果

本部分将模型分层次进行回归分析，其结果如表4-6所示。

表4-6　　　　多元回归分析统计表

自变量	估计系数（T值）				
	（1）	（2）	（3）	（4）	（5）
_cons	0.0526 (189.81)***	0.0537 (55.29)***	0.0512 (47.25)***	0.0543 (54.92)***	0.0315 (3.74)***
flu	0.0415 (9.35)***	0.0415 (9.37)***	0.0199 (3.26)***	0.0652 (8.02)***	0.0409 (3.97)***
GDP		-0.0120 (-2.20)**	-0.0129 (-2.17)**	-0.0124 (-2.24)**	-0.1035 (-9.30)***
fluGDP			0.0368 (5.15)***		0.0260 (2.99)***
FF				0.0997 (3.48)***	0.1344 (3.47)***
rate					0.5215 (13.05)***
ratio					0.0123 (9.68)***
lna					0.0001 (0.37)
grow					-0.0065 (-10.87)***
control					0.0010 (2.46)***
mobility					-0.0020 (-7.42)***

续表

自变量	估计系数（T值）				
	(1)	(2)	(3)	(4)	(5)
alever					0.0167 (12.52)***
margin					-0.0045 (-5.29)***
turnover					-0.0050 (-9.93)***
tax					0.0028 (2.82)***
East					-0.0002 (-0.50)
IND	控制	控制	控制	控制	控制
因变量	Dcost	Dcost	Dcost	Dcost	Dcost
观测值数	14886	14886	14886	14886	13558
R^2	0.005	0.005	0.0008	0.0070	0.0895
F值	87.44	44.45	38.52	33.68	40.21

注：*** 表示显著性水平小于0.01；** 表示显著性水平小于0.05；* 表示显著性水平小于0.1

从不同阶段回归结果看，第（1）~（5）列模型中，flu系数为正，且其具有小于0.01的显著性，说明资本结构波动能推动债务资本成本提高，这就证明了假设1的正确性。第（4）列和第（5）列中，FF系数值为正，且具有小于0.01的显著性，说明资本结构波动与债务资本成本之间是一个开口向上的二次函数关系，当资本结构波动比较微弱时，对债务资本成本的推动效果比较小；随着资本结构波动水平增加，其对债务资本成本推动的效应放大，这进一步说明本章假设1的正确性。在第（3）列和第（5）列模型中，fluGDP系数值为正，且具有小于0.01的显著性,说明当宏观经济发展趋于增速时,资本结构波动对企业债务成本影响加强,这证明了假设 3 的正确性;所有层次回归中,GDP 系数为负,具有小于 0.05 的统计显著性,说明宏观经济发展对债务资本成本有抑制作用,这证明了假设 2 的正确性。

从其他变量回归结果看,rate 与 Dcost 显著正相关,且回归系数大于 0.5,说明债务成本的变动超过一半取决于一年期贷款利率的变动,证实了央行金融政策对企业融资成本的巨大影响;alever 显著为正,说明负债比例增加导致债务成本提高,符合传统财务管理理论;tax 显著为正,说明税负的提高增加了债务资本成本,其他因素的影响结果基本符合财务理论,在此不再一一讨论。

(三) 稳健性检验

1. 变更因变量

本章首先用"财务费用/有息债务总额"作为债务资本成本的替代变量,对模型进行回归,结果如表 4 - 7 所示。

表 4 - 7　　　　　　替代因变量回归分析表

自变量	估计系数（T 值）				
	(1)	(2)	(3)	(4)	(5)
_cons	0.0522 (124.68)***	0.0446 (27.62)***	0.0438 (26.74)***	0.0412 (22.72)***	0.1150 (5.56)***
flu	0.0494 (10.05)***	0.0496 (10.09)***	0.0732 (8.33)***	0.0846 (7.95)***	0.1081 (9.82)***
GDP		-0.0816 (-4.89)***	-0.0813 (-4.87)***	-0.0926 (-5.02)***	-0.1179 (-6.17)***
fluGDP				0.0157 (1.79)*	0.0605 (5.34)***
FF			0.0436 (3.24)***	0.0596 (4.24)***	0.0789 (4.67)***

续表

自变量	估计系数（T值）				
	（1）	（2）	（3）	（4）	（5）
rate					0.8660 (11.94)***
ratio					0.0076 (3.56)***
lna					-0.0053 (-16.04)***
grow					-0.0169 (-17.14)***
control					0.0008 (0.97)
mobility					-0.0012 (-1.97)**
alever					0.0001 (1.47)
margin					-0.0179 (-9.87)***
turnover					0.0015 (1.80)*
tax					-0.0038 (1.66)*
East					-0.0023 (-3.10)***
IND	控制	控制	控制	控制	控制
因变量	Dcost	Dcost	Dcost	Dcost	Dcost
观测值数	18889	18889	18889	16895	14793
R^2	0.005	0.006	0.007	0.007	0.092
F值	100.98	62.50	47.98	28.88	44.09

注：*** 表示显著性水平小于0.01；** 表示显著性水平小于0.05；* 表示显著性水平小于0.1

从表 4-7 中数据看，与变换 Dcost 计量方式以前的回归分析结果基本一致，这也进一步证明了本章假设的正确性。

2. 变更自变量

其次，本章以连续 5 年末资产负债率的标准差为资本结构波动的计量变量，替代一年内年初和四个季度末资产负债率标准差，重新加入模型进行回归，其回归结果如表 4-8 所示。

表 4-8　　　　　替代主要自变量回归分析表

自变量	估计系数（T 值）				
	（1）	（2）	（3）	（4）	（5）
_cons	0.0530 (184.80)***	0.0550 (49.82)***	0.0548 (45.94)***	0.0553 (49.04)***	0.0163 (1.12)
flu	0.0030 (2.16)**	0.0031 (2.18)**	0.0028 (1.79)*	0.0083 (2.26)**	0.0062 (1.67)*
GDP		-0.0216 (-1.87)*	-0.1974 (-1.56)	-0.2122 (-1.83)*	-0.1203 (-8.69)***
fluGDP			0.0012 (2.38)**		0.0040 (2.24)**
FF				0.0023 (1.66)*	0.0012 (1.82)*
rate					0.4886 (10.30)***
ratio					0.0149 (9.86)***
lna					0.0001 (0.15)
grow					-0.0053 (-8.28)***
control					0.0009 (1.77)*

续表

自变量	估计系数（T 值）				
	（1）	（2）	（3）	（4）	（5）
mobility					-0.0026 (-7.13)***
alever					0.0158 (9.69)***
margin					0.0050 (4.71)***
turnover					-0.0054 (-9.04)***
tax					0.0033 (2.78)***
East					-0.0004 (-0.79)
IND	控制	控制	控制	控制	控制
因变量	Dcost	Dcost	Dcost	Dcost	Dcost
观测值数	9361	9361	9361	9361	9292
R^2	0.004	0.009	0.006	0.001	0.10
F 值	85.03	80.20	75.49	60.84	130.50

从表 4 - 6 数据看，与变换 flu 计量方式以前的回归分析结果基本一致，说明本章假设基本正确。

四、本章小结

资本结构不仅从资产负债率水平高低来影响资本成本，还会通过资本结构波动水平产生作用。运用数理模型和多元线性回归

第四章 资本结构波动与企业价值关系：资本成本视角

研究，本章得到如下结论：资本结构波动会助推债务资本成本提高，这种助推作用随着资本结构波动的增加呈加速趋势；宏观经济增长速度提高能有效降低资本成本；在宏观经济发展速度放缓的情况下，资本结构波动对债务资本成本的影响更显著；随着宏观经济发展速度的提升，其对债务资本成本的影响逐渐减弱。

根据上述结论，在目前经济新常态下，我国宏观经济发展已经难以达到8%以上的年度增长速度，资本结构波动对债务资本成本助推作用较大，因此企业在进行资本结构调整时，应尽量控制资本结构波动的幅度。鉴于资本结构波动在比较小的范围内，其对债务资本成本的推动作用比较小，这就需要企业维持与债权人的良好合作关系，降低资本成本。从我国宏观政策角度看，由于宏观经济发展速度难以在短期内迅速提高，因此避免影响企业资本结构大幅调整成为宏观政策的指导思想。中央政府在对宏观经济进行调控时，要把握"稳中求快"的原则，通过较好的宏观经济发展趋势减缓资本结构波动对资本成本的推动作用；同时，政府应降低企业产品市场风险因素，拓宽企业融资渠道，提高资本结构调整速度，帮助企业降低资本结构波动程度，从而降低资本成本。

第五章

资本结构波动与企业价值关系：财务困境视角

资本结构波动不仅会影响企业的资本成本，还会增加资本结构超出限制增加企业财务困境的可能，从而影响企业价值。利率市场化是影响资本结构波动的重要因素，也会对企业财务困境产生重要影响。本章在我国利率市场化背景下，考察资本结构波动对企业财务困境的影响路径，并综合分析利率市场化和资本结构波动对企业财务困境的整体影响。

一、资本结构波动与财务困境关系理论分析和研究假设

（一）文献回顾

财务困境的引发有多重原因，从文献研究

的结果看，主要有以下四类因素导致：（1）宏观经济环境与货币政策因素。宏观经济的衰退以及金融危机的出现是企业发生财务困境的重要原因，企业的破产与利率、信用总量、企业利润总水平、物价指数等宏观经济和金融因素有紧密关联（Altman，1983；Bae et al.，2002；Liu，2004，Tinoco et al.，2013；李秉成等，2013）。（2）公司治理因素。大股东对公司治理、董事会构成和监管、总经理的监督激励等对预防财务困境有重要作用（Daily et al.，1994；王克敏等，2006；Elshahat et al.，2015）。（3）内部控制因素。内部控制对财务困境具有显著而重要的影响，存在重大内部控制缺陷的公司更可能陷入财务困境（李万福等，2012）。（4）管理者特征。管理者的过度自信导致企业快速扩张，扩张中更多运用负债融资，增加了企业陷入财务困境的可能性（余明桂等，2006；姜付秀等，2009）。

资本结构是影响企业融资和财务困境的重要因素。早期静态资本结构理论认为，企业负债比例越高，发生财务危机的可能性越大（Nevins，1967；Altman，1983）。后期的动态资本结构理论主要关注资本结构调整速度与方式研究，较少关注资本结构变动与财务困境之间的关系。近期有学者从债务结构角度考察不同期限债务对财务困境的影响，发现短期债务融资能够降低制造业企业陷入财务危机的可能性（郭娟丽，2014）；此外资本结构的稳定性也受到一定的关注（Lemmon et al.，2008；周开国等，2012），但未能研究资本结构动态调整对财务困境的影响。

利率市场化对企业融资产生多个方面的影响。首先，利率市场化有利于企业融资约束的缓解（Harris，1994；Laeven，2004；王东静等，2007）；其次，利率市场化能提高企业资本结构调整速度（姚晨东，2013；傅利福，2014）；最后，利率市场化还有利于加强银行业竞争，从而降低企业融资成本（宋培培等，2014）。因此，利率市场化进程加快，有利于企业资本结构优化，进而减少企业财务困境可能性，但这一论断还有待实证检验。

(二) 资本结构波动机理分析

在现实生活中，企业资本结构的调整往往不是通过负债和权益内部增减、控制资本总量不变，而是通过增加或减少某一类资本实现。考虑到我国大多数企业并不是上市公司，且证监会对上市公司股票融资也有严格限制，企业主要通过负债的增减来调整资本结构。因此本章以第二章所界定的资本结构调整方式Ⅱ为研究背景，假定企业所有税后利润都用于股利分配，所有亏损由股东投资弥补，因此权益资本保持不变；企业初期总资产为 a，资产负债率为 $r^* = (r_h + r_l)/2$，在周期的第一阶段，企业资本结构由 r^* 向上调整到 r_h，企业每单位时间增加 Δ 负债，直至资产负债率达到 r_h；第二阶段，企业资本结构由 r_h 向下调整到 r^*，企业每单位时间减少 Δ 负债，直至资产负债率达到 r^*；第三阶段，企业资本结构由 r^* 向下调整到 r_l，企业每单位时间减少 Δ 负债，直至资产负债率达到 r_l；第四阶段，企业资本结构由 r_l 向上调整到 r^*，企业每单位时间增加 Δ 负债，直至资产负债率达到 r^*，回复到初始状态。则企业在一个资本结构调整周期内实际资本结构与时间的函数关系如表 5-1 所示。

表 5-1　增量资本调节条件下一个周期内实际资本结构与时间的函数关系分析表

时间区间	函数表达式 f(x)	资本结构平均调整速度
[0, b]	$f(x) = r^* + \Delta(1 - r^*)x/(a + \Delta x)$	$(r_h - r^*)/b$
[b, 2b]	$f(x) = [(a + b\Delta)r_h - \Delta(x - b)]/[a + 2b\Delta - \Delta x]$	$(r_h - r^*)/b$

续表

时间区间	函数表达式 f(x)	资本结构平均调整速度
$[2b, 2b+c]$	$f(x) = r^* - \Delta(1-r^*)(x-2b)/[a-\Delta(x-2b)]$	$(r^* - r_l)/c$
$[2b+c, 2b+2c]$	$f(x) = [(a-c\Delta)r_l + \Delta(x-2b-c)]/[(a-c\Delta) + \Delta(x-2b-c)]$	$(r^* - r_l)/c$

注：$b = a(r_h - r_l)/[2\Delta(1-r_h)]$，$c = a(r^* - r_l)/[2\Delta(1-r_l)]$

根据上述分析，我们将 $y = f(x)$ 的函数图像描绘如图 5-1 所示。

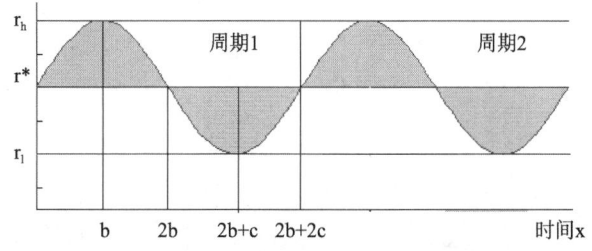

图 5-1 增量资本调节条件下资本结构调整走势图

在图 5-1 中，考虑到资本结构往下调整到 r^* 时，由于调整速度相同，因此在时点 b+1 以及时点 b-1 点，其资产都会比时点 b 资产减少 Δ，负债也减少 Δ，因此二者具有相同的资产负债率，以此类推直到 2b 时点，其资产和负债必然与 0 时点相同。从这一点来看，当资本结构由 r_h 往下调整到 r^* 时，资本结构变动的轨迹与当资本结构由 r^* 往上调整到 r_h 时的轨迹在直线 $x = b$ 呈轴对称。同理也可证明函数 $f(x)$ 在 $[2b, 2b+2c]$ 期间围绕直线 $x = 2b + c$ 呈轴对称。

(三) 资本结构波动幅度的计算和影响因素分析

在图 5-1 中，周期波动的曲线代表随时间变化而变化的实际资本结构，由实际资本结构曲线和资本结构均值 $y = r^*$ 构成的阴影部分面积代表了企业资本结构波动幅度。根据定积分原理，在期间 $[0, 2b+2c]$ 范围内，企业资本结构波动幅度 F 可以按以下公式计算：

$$F = \int_0^{2b} [f(x) - r^*] dx + \int_{2b}^{2b+2c} [r^* - f(x)] dx \quad (1)$$

鉴于函数 $y = f(x)$ 的对称性，式（1）又可简化计算为：

$$F = 2\int_0^b [f(x) - r^*] dx + 2\int_{2b}^{2b+c} [r^* - f(x)] dx$$

$$= 2(1 - r^*)[b - c - \frac{a\ln(1 + \frac{\Delta b}{a}) + a\ln(1 - \frac{\Delta c}{a})}{\Delta}] \quad (2)$$

根据式（2），资本结构波动幅度主要取决于 r_h、r_l 和 Δ。

1. 单位时间负债调整数额 Δ 对 F 的影响

从公式很容易看出，当 Δ 增加时，F 值下降，说明资本结构调整速度越快，资本结构波动幅度越小。由此我们得到如下推论：

推论 1：企业资本结构调整速度越快，其资本结构波动幅度越小。

2. r_h、r_l 对 F 的影响

由于（2）式是一个复合函数，变量关系复杂，用代数方法分析 r_h、r_l 对 F 的影响比较麻烦，我们用数据实验法来分析 r_h、r_l 变动对资本结构波动的影响。假定初始期企业 $r_h = 0.6$，$r_l = $

第五章 资本结构波动与企业价值关系：财务困境视角

0.4，a = 100，Δ = 10，根据（2）式，则 F 值为 0.4251。① 我们根据 r_h、r_l 不同变动情况进行讨论。

（1）r_h、r_l 等幅同增同减。

r_h、r_l 等幅同增同减时，资本结构振幅（$r_h - r_l$）保持不变。我们将 r_h、r_l 分别等幅同时增加 0.1、0.2、0.3，再分别同时减少 0.1、0.2、0.3，观测 F 值变动，结果如表 5 - 2 所示。

表 5 - 2　　r_h、r_l 等幅同增同减对 F 影响计算表

情况	r_h	r_l	r^*	b	c	$(1 - r^*)$	G	$(1 - r^*)$ 增幅	G 增幅	F = 2$(1 - r^*)$G
初始状况	0.6	0.4	0.5	2.5	1.667	0.5	0.4251	NA	NA	0.4251
r_h、r_l 等幅增加 0.1	0.7	0.5	0.6	3.33	2	0.4	0.6879	- 0.2	0.6182	0.5503
r_h、r_l 等幅增加 0.2	0.8	0.6	0.7	5	2.5	0.3	1.3221	- 0.4	2.1101	0.7933
r_h、r_l 等幅增加 0.3	0.9	0.7	0.8	10	3.333	0.2	3.7898	- 0.6	7.9149	1.5159
r_h、r_l 等幅减少 0.1	0.5	0.3	0.4	2	1.429	0.6	0.2897	0.2	- 0.3184	0.3476
r_h、r_l 等幅减少 0.2	0.4	0.2	0.3	1.67	1.25	0.7	0.2104	0.4	- 0.5049	0.2946
r_h、r_l 等幅减少 0.3	0.3	0.1	0.2	1.43	1.111	0.8	0.1599	0.6	- 0.6236	0.2559

注：$G = b - c - [a\ln(1 + \Delta b/a) + a\ln(1 - \Delta c/a)]/\Delta$

从表 5 - 2 看，随着 r_h、r_l 等幅增加，r^* 上升，b 和 c 增加导致 G 增加。此时，虽然资本结构变动上下振幅不变，但（1 -

---

① 我们设置了多种不同的 r_h、r_l、a、Δ 取值，验证数据实验的正确性，结果都与本书推算结论一致，足以说明本书数据验证法的正确性。

r^*)降幅小于 G 增幅,导致 F 上升;随着 r_h、r_l 等幅下降,r^* 下降,F 值下降。由此我们得到如下推论:

推论 2:当 r_h、r_l 等幅增加时,企业平均资产负债率上升,资本结构波动幅度上升;当 r_h、r_l 等幅下降时,企业平均资产负债率下降,资本结构波动幅度下降。

(2)r_h、r_l 不等幅增减变动。

r_h、r_l 不等幅增减变动导致资本结构振幅发生变化,我们分别将企业数据按 r_h 单独增减变动、r_l 单独增减变动、r_h、r_l 反向变动、r_h、r_l 同向不等幅变动进行不同类型实验,实验数据分析过程类似表 5-3,囿于数据较多,仅列示每一种情况的一个数据点计算结果,不再具体列示每一种情况的系列数据实验结果。

表 5-3　r_h、r_l 不等幅增减变动对 F 影响总结表

情况	r_h	r_l	r^*	(r_h-r_l)	b	c	G	F
初始状况	0.6	0.4	0.5	0.2	2.5	1.667	0.425113	0.4251
r_h 单独增加 0.1	0.7	0.4	0.55	0.3	5	2.5	1.32217	1.1899
r_h 单独减少 0.1	0.5	0.4	0.45	0.1	1	0.833	0.083679	0.0920
r_l 单独增加 0.1	0.6	0.5	0.55	0.1	1.25	1	0.125775	0.1131
r_l 单独减少 0.1	0.6	0.3	0.45	0.3	3.75	2.143	0.834226	0.9176
r_h 超过 r_l 增加 0.1	0.75	0.45	0.6	0.3	6	2.727	1.757228	1.4057
r_h 低于 r_l 减少 0.1	0.45	0.35	0.4	0.1	0.91	0.769	0.070173	0.0842

由表 5-3 可见,与初始状况相比,F 值随 (r_h-r_l) 增减而同向增减;资本结构振幅变动与资本结构波动幅度的关系也可以通过几何方法证明,如图 5-1 所示,(r_h-r_l) 增大时,图中阴影部分的高度增加,在不考虑时间长度变动的情况下,阴影部分面积增加,即 F 增大。

第五章 资本结构波动与企业价值关系：财务困境视角

总结表5－2、表5－3以及几何学推理我们可以得到如下推论：

推论3：如果r_h和r_l变动导致资本结构振幅($r_h - r_l$)增减，资本结构波动幅度随之增减。

（四）资本结构波动对财务困境助推机理分析

假定当企业资产负债率达到r_d($r_h > r_d$)时，企业可能陷入财务困境。由此，直线$y = r_d$与曲线$y = f(x)$在一个周期内形成两个交点，其横坐标x_1和x_2之间的阴影部分期间就是企业可能陷入财务困境的时间。具体见图5－2。

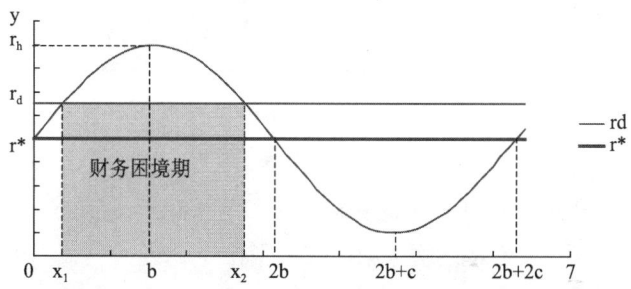

图5－2 资本结构波动与财务困境期间分析示意图

根据表5－1的函数表达式，可知$x_1 = a(r_d - r^*)/[\Delta(1 - r_d)]$，由于函数在$[0, b]$区间的对称性，易知$x_2 - x_1 = 2(b - x_1)$，即企业可能陷入财务困境的时间$D = 2(b - x_1)$。

1. 企业可能陷入财务困境的时间的主要影响因素分析

我们仍用数据实验法来分析r^*、r_h、r_d变动对D的影响。

（1）资本结构振幅不变情况下r^*的影响。从理论上说，如果资本结构振幅不变，但平均负债比例提高，则陷入财务困境可能性增大。以表5－4的计算为例。

表 5-4　资本结构振幅不变时平均负债比例变动对 D 影响计算分析表

情况	r_h	r_l	r^*	b	b 增幅	r_d	x_1	x_1 增幅	$D=2(b-x_1)$
初始状况	0.7	0.3	0.5	6.67	NA	0.65	4.2857	NA	4.7619
r_h 和 r_l 同时增加 0.05	0.75	0.35	0.55	8	0.2	0.65	2.8571	-0.3333	10.2857
r_h 和 r_l 同时增加 0.1	0.8	0.4	0.6	10	0.5	0.65	1.4285	-0.6667	17.1428
r_h 和 r_l 同时增加 0.15	0.85	0.45	0.65	13.3	1	0.65	0	-1	26.6666
r_h 和 r_l 同时减少 0.02	0.68	0.28	0.48	6.25	-0.1	0.65	4.8571	0.1333	2.78571
r_h 和 r_l 同时减少 0.05	0.65	0.25	0.45	5.71	-0.1	0.65	5.7142	0.3333	0

表 5-4 说明,在保持 r_h 和 r_l 差不变的情况下,随着 r^* 上升,b 增加,而 x_1 减少,导致 D 增加;随着 r^* 下降,D 下降,验证了理论分析的正确性。由此我们得到如下推论:

推论 4:在资本结构振幅不变的情况下,资产负债率升高推动企业的财务风险。

(2) 资本结构振幅变动对 D 的影响。我们按照表 5-1 的计算程序,分别讨论 r_h 和 r_l 反向等幅增减、r_h 和 r_l 反向不等幅增减、r_h 和 r_l 同向不等幅增减三种情况下 D 的变动情况。囿于数据较多,仅示每一种情况的一个数据点计算结果,不再具体列示每一种情况的系列数据实验结果。

表 5-5　资本结构振幅变动各种情况下 D 变动趋势汇总表

情况	r_h	r_l	r^*	(r_h-r_l)	b	r_d	x_1	D
初始状况	0.7	0.3	0.5	0.4	6.67	0.65	4.2857	4.7619
r_h 增加 0.1,r_l 减少 0.1	0.8	0.2	0.5	0.6	15	0.65	4.2857	21.4285

续表

情况	r_h	r_l	r^*	$(r_h - r_l)$	b	r_d	x_1	D
r_h 减少 0.02，r_l 增加 0.02	0.68	0.32	0.5	0.36	5.63	0.65	4.2857	2.6785
r_h 增加 0.05，r_l 减少 0.1	0.75	0.2	0.475	0.55	11	0.65	5	12
r_h 减少 0.02，r_l 增加 0.04	0.68	0.34	0.51	0.34	5.31	0.65	4	2.625
r_h 减少 0.02，r_l 增加 0.1	0.68	0.4	0.54	0.28	4.38	0.65	3.1428	2.4642
r_h 减少 0.02，r_l 减少 0.1	0.68	0.2	0.44	0.48	7.5	0.65	6	3

综合表 5-5 所列示前五种情况可以说明，企业处于财务困境的期间长短随资本结构振幅（$r_h - r_l$）同向增减；只有当 r_h 和 r_l 均减少时，资本结构振幅增加不会导致 D 增加。由此得到如下推论：

推论 5：在控制资产负债平均水平不变的情况下，企业资本结构振幅越大，处于财务困境期间越长。

2. 资本结构波动对财务困境影响分析

推论 2 和推论 3 说明，企业资本结构波动受资产负债率水平和资本结构振幅的影响；而推论 4 和推论 5 则说明企业财务困境期间长度受资产负债率水平和资本结构振幅的影响。也就是说，在相同情况下，如果资本结构波动越大，则必然会有资产负债率水平提高，或资本结构振幅增大，而不论哪一种情况都会导致企业财务困境期间延长，因此我们提出如下假设：

假设 1：企业资本结构波动越大，出现财务困境可能性越大。

(五) 利率市场化进程、资本结构波动与财务困境

从企业实际情况看,由于权益资本融资限制较大,负债融资成为我国大多数企业融资的主要选择。商业银行信贷作为我国企业负债融资的主要来源,成为资本结构调整的主要工具。

1. 利率市场化进程对企业融资的影响

在利率管制情况下,各商业银行只能根据中央银行规定的贷款利率浮动空间,向企业提供贷款。而商业银行作为市场主体,向企业贷款要依据企业风险而定。在市场经营中,企业的风险不断变化,在这种情况下,利率管制对企业融资的影响可以通过图 5 - 3 分析。

图 5 - 3 风险—贷款利率象限中,曲线是商业银行对企业信贷中风险与贷款利率关系曲线。I_0 是无风险利率,I^* 为中央银行规定贷款基准利率,I_h 为利率上浮上限,I_1 为利率下浮下限。当企业风险小于 r_2 时,企业有可能获得信贷支持。时间—风险象限中曲线表示企业随时间变化风险变动,在 $T_2 - T_3$ 时间段,企业风险超过 r_2,因此不能获得商业银行融资支持,形成信贷真空时间,即图中阴影部分所显示的时间段。

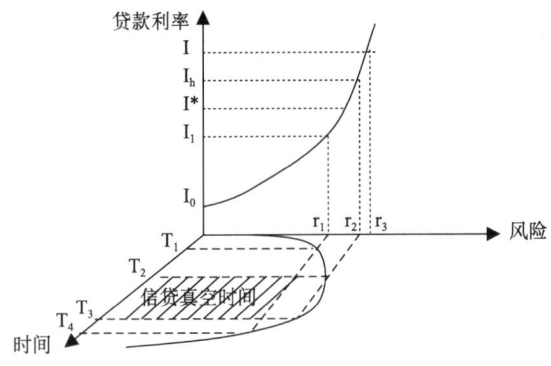

图 5 - 3　利率市场化进程对企业融资影响分析

第五章　资本结构波动与企业价值关系：财务困境视角

随着利率市场化进程加速，商业银行对企业信贷利率浮动区间逐渐放宽，直至完全市场化，则只要企业风险不超过 r_3，银行都会根据其风险水平确定贷款利率，同时给予企业贷款。在这种情况下，r_2 逐渐逼近 r_3，T_2 与 T_3 之间信贷真空时间逐渐缩小直至消失，企业从银行获得借款弹性持续增大。

2. 利率市场化进程对资本结构波动和财务困境的影响

信贷真空时间的存在对企业融资行为有比较大的影响，由于企业对未来风险的不可测性，企业不能准确预测信贷真空的长短；为保持未来发展资金需求和流动性需要，企业在符合信贷条件时，往往会超出经营需要向银行申请贷款，这一方面会导致企业资产负债水平上升，也会导致实际资产负债率上限 r_h 提升。因此根据前述推论，信贷真空时间越长，企业资本结构波动越大，陷入财务困境可能性越大；而随着利率市场化进程的加快，信贷真空时间逐步缩小乃至消失，资本结构波动幅度下降，陷入财务困境时间减少，由此我们提出如下假设：

假设 2：随着利率市场化程度的提高，资本结构波动对财务困境的作用会逐步下降。

二、资本结构波动与财务困境关系之研究设计

（一）数据收集处理

本书利用国泰安经济金融研究数据库（CSMAR）收集我国 A 股上市公司年报和季报财务数据，样本区间为 2002~2015 年，剔除金融类企业数据；本书采用 winsorized 对主要变量所有小于 1%（大于 99%）的分位数进行缩尾处理，删除资产负债率大于

100%的样本,以及一些极端值样本。经过上述处理后,最终得到21027个公司年度完整观测样本。

(二)模型设计和变量定义

1. 分析模型

我们建立以下分析模型:

$$ST = \alpha + \beta_1 flu + \beta_2 imkt + \beta_3 fluimkt + \beta_4 rate + \beta_5 control + \beta_6 DKL + \beta_7 GDP + \beta_8 lna + \beta_9 grow + B_{10} margin + \beta_{11} alever + \beta_{12} ratio + \beta_{13} turnover + \beta_{14} IND^* + \varepsilon \qquad (1)$$

2. 变量定义

(1)因变量设计。本书将财务困境定义为上市公司的股票被特别处理(ST、SST)、退市风险警示(*ST、S*ST)。虚拟变量ST取值定义为:如果上市公司在2002~2015年某一年股票被特别处理或退市风险警示,在该年度ST取1,否则取0。

(2)利率市场化进程计量。本书参照陶雄华等(2013)的计量方法,设置变量imkt,对2002~2015年利率市场化整体进程进行计量,具体计量方式见变量定义表。为考察利率市场化和资本结构波动对财务困境的联合影响,本书设置变量fluimkt,其值为flu与imkt的乘积。

其他变量的定义参见本书前述章节模型变量定义。

3. 分析软件

本书所有统计分析使用STATA12软件实现。

三、资本结构波动与财务困境关系的实证研究结果分析

(一) 描述性统计

主要变量描述性统计如表 5-6 所示。

表 5-6　　　　主要变量描述性统计数据

变量名	观测值个数	均值	标准差	最小值	最大值
ST	24088	0.4264	0.2020	0	1
flu	24088	0.0479	0.0517	0.0036	0.9739
imkt	24088	2.3463	0.3349	2	3
rate	24088	0.0582	0.0053	0.0506	0.0686
DKL	24088	0.1547	0.0541	0.06	0.205
GDP	24088	0.0918	0.0196	0.069	0.1416
lna	24085	21.6415	1.3083	13.0760	30.6568
grow	21253	0.1891	0.4018	-0.3705	2.9445
margin	24060	0.0672	0.2576	-2.3090	0.6439
alever	24088	0.4572	0.2130	-0.0327	0.9993
ratio	23933	0.4131	0.1878	0.0153	0.8396
turnover	24085	0.6452	0.5300	-0.0212	11.4156

从表 5-6 数据看，ST 的均值为 0.4264，说明平均每年约 4.3%的上市公司会陷入财务困境；flu 的均值为 0.0479，与王明虎等（2015）的统计结果接近；alever 的均值为 0.4572，低于 0.5，说明上市公司总体负债水平还不太高。

我们将 2002~2015 年每年公司 ST 均值和 flu 均值做进一步对比分析如表 5-7 所示。

表5-7　　2002~2015年公司ST和flu均值对照表

年份	ST	flu
2002	0.0695	0.0542
2003	0.0682	0.0606
2004	0.0672	0.0475
2005	0.0444	0.0385
2006	0.0603	0.0444
2007	0.0670	0.0510
2008	0.0570	0.0486
2009	0.0525	0.0487
2010	0.0585	0.0592
2011	0.0472	0.0517
2012	0.0319	0.0422
2013	0.0129	0.0406
2014	0.0174	0.0414
2015	0.0146	0.0489

将上述年度均值对比做成散点图如图5-4所示。

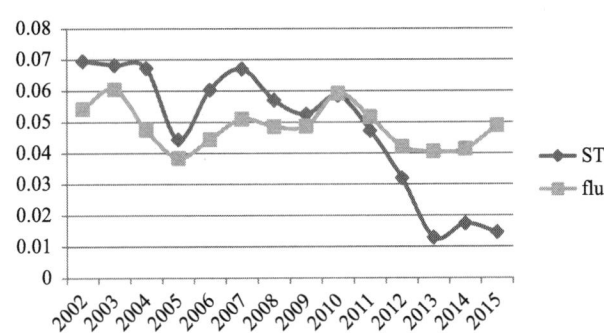

图5-4　公司财务困境与资本结构波动年度走势

从图5-4看,ST与flu在各年度走势基本一致,说明了资本结构波动对企业财务困境的推动作用,初步说明了本章假设1的正确性。

将模型主要变量进行相关性分析,结果如表5-8所示。

第五章 资本结构波动与企业价值关系：财务困境视角

表5-8　主要变量之间相关系数统计表

	ST	flu	imkt	rate	control	DKL	GDP	lna	grow	margin	alever	ratio	turnover
ST	1.0000												
flu	0.0966*	1.0000											
imkt	-0.0827*	-0.0416*	1.0000										
rate	0.0082	-0.0346*	-0.4189*	1.0000									
control	0.0043	-0.0773*	-0.1444*	0.0036	1.0000								
DKL	-0.0787*	-0.0339*	0.4362*	0.2260*	-0.2194*	1.0000							
GDP	0.0737*	-0.0270*	-0.7198*	0.2913*	0.1594*	-0.5763*	1.0000						
lna	-0.1784*	-0.1076*	0.1447*	0.0039	0.2652*	0.2047*	-0.1289*	1.0000					
grow	-0.0496*	0.3383*	0.0339*	-0.0213*	-0.0614*	0.0701*	-0.0217*	0.1513*	1.0000				
margin	-0.2168*	-0.0051	0.0050	0.0174*	-0.0228*	0.0806*	-0.0093	0.1774*	0.2026*	1.0000			
alever	0.1398*	0.0378*	-0.0950*	0.0246*	0.2575*	-0.1094*	0.1389*	0.3902*	-0.0056	-0.1910*	1.0000		
ratio	0.0165*	-0.1440*	-0.1340*	0.0309*	0.2164*	-0.2014*	0.1689*	0.1487*	-0.1368*	-0.1031*	0.3159*	1.0000	
turnover	-0.0465*	-0.0103	-0.0675*	0.0714*	0.0673*	-0.0046	0.0743*	0.0275*	-0.0444*	-0.0265*	0.1386*	0.0638*	1.0000

从相关性检验结果看,主要自变量与因变量之间都存在显著的相关关系,说明模型设置基本合理。

(二) 多元回归分析结果

本书采用 Logistic 模型进行多层次回归分析,具体见表5-9。

表 5-9　　　　　　　多元回归分析表

自变量	(1)	(2)	(3)	(4)
cons	-3.4342 (-80.75)***	-0.2983 (-1.17)	0.6959 (2.07)**	23.4384 (18.74)***
flu	5.6961 (13.53)***	5.4789 (12.83)***	8.9038 (2.91)***	0.4325 (2.10)**
imkt		-1.3702 (-12.11)***	1.8162 (12.03)***	-1.1943 (-5.64)***
fluimkt			-6.4314 (-4.78)***	-1.8453 (-2.03)**
rate				-26.3178 (-3.03)***
DKL				5.3131 (4.86)***
GDP				5.4820 (1.77)*
control				0.2403 (2.95)***
lna				-1.2602 (-27.24)***
grow				0.1438 (1.40)

第五章 资本结构波动与企业价值关系：财务困境视角

续表

自变量	（1）	（2）	（3）	（4）
margin				-0.6840
				(-7.64)***
alever				4.6772
				(22.22)***
ratio				0.3050
				(0.14)
turnover				-0.46036
				(-4.96)***
IND	控制	控制	控制	控制
样本量	24088	24088	24088	21027
LR chi2	156.35	323.11	344.68	2166.59
Pseudo R2	0.0184	0.0381	0.0406	0.2881

据表5-9，从第（1）~（4）列不同层次模型回归分析中，flu都与ST显著正相关，这就验证了假设1的正确性；在第（2）~（4）列中，imkt系数为负且显著性小于0.05，说明利率市场化进程的加快可以降低企业陷入财务困境的可能性；在第（3）列中，fluimkt系数显著为负，说明随着市场化进程的提高，资本结构波动对企业财务困境的影响会减少，这就检验了本书假设2的正确性。其他变量的回归结果也与财务理论基本符合。

（三）利率市场化进程不同层次对资本结构波动与财务困境关系的影响

利率市场化在我国是一个分层次逐步改革推进的过程（陶雄华等，2013）。不同层次的利率市场化进程对企业资本结构波动和财务困境关系影响是否存在差异,还有待进一步考证。本书设置 ri、ird、ifd 三个变量,分别测算利率市场化在实际利率、利率决定方式和利率浮动范围三个方面的改进。具体计量方式见变量定义表 5-10。

表 5-10　利率市场化分层次计量变量定义表

变量名	取值方式
ri	虚拟变量,如果当年一年期存款利率与 CPI 的差大于 2.5%,则取值为 1,否则取值为 0
fluri	flu 与 ri 的乘积
ird	2002 年外币贷款利率基本放开,取值 1;2003 年外币存款利率基本放开,人民币长期贷款利率放开,取值 2;2004 年,人民币存款利率下限、贷款利率上限基本放开,取值 3;2012 年存款利率上浮,贷款利率下浮,取值 4;2013 年以后全面放开金融机构贷款利率管制,取值 5
fluird	flu 与 ird 的乘积
ifd	2002~2003 年人民币主要金融机构存贷款无浮动,取值为 0;2004 年,人民币贷款利率的上限扩大至基准利率的 1.7 倍,并允许下浮至基准利率的 0.9 倍,取值 0.8 (0.7+0.1);2012 年贷款利率可下浮至基准利率的 0.7 倍,取值 1 (0.7+0.3);2013 年全面放开金融机构贷款利率管制,取值 2;2015 年存款利率放开,取值为 3
fluifd	flu 与 ifd 的乘积

我们设计模型(2)至模型(4),分别从实际利率水平、利率决定方式和利率浮动范围和幅度三个方面观测利率市场化进程对资本结构波动和财务困境关系的影响。三个回归模型如下:

$$ST = \alpha + \beta_1 flu + \beta_2 ri + \beta_3 fluri + \beta_4 rate + \beta_5 control + \beta_6 DKL + \beta_7 GDP + \beta_8 lna + \beta_9 grow + B_{10} margin + \beta_{11} alever + \beta_{12} ratio + \beta_{13} turnover + \beta_{14} IND^* + \varepsilon \quad (2)$$

第五章 资本结构波动与企业价值关系:财务困境视角

$$ST = \alpha + \beta_1 flu + \beta_2 ird + \beta_3 fluird + \beta_4 rate + \beta_5 control + \beta_6 DKL + \beta_7 GDP + \beta_8 lna + \beta_9 grow + \beta_{10} margin + \beta_{11} alever + \beta_{12} ratio + \beta_{13} turnover + \beta_{14} IND^* + \varepsilon \tag{3}$$

$$ST = \alpha + \beta_1 flu + \beta_2 ifd_3 fluifd_4 rate + \beta_5 control + \beta_6 DKL + \beta_7 GDP + \beta_8 lna + \beta_9 grow + \beta_{10} margin + \beta_{11} alever + \beta_{12} ratio + \beta_{13} turnover + \beta_{14} IND^* + \varepsilon \tag{4}$$

我们把模型(2)至模型(4)分别进行 Logistic 回归,具体结果如表 5-11 所示。

表 5-11 模型(2)至模型(4)回归分析结果表①

变量名	模型(2)		模型(3)		模型(4)	
flu	5.6723 (13.49)***	5.4288 (10.23)***	5.2561 (12.40)***	6.5496 (0.42)	5.2591 (12.38)***	2.8848 (4.19)***
ri	-0.3339 (-1.04)	-0.2899 -(0.29)				
fluri		0.6567 (0.76)				
ird			-0.4060 (-13.93)***	-0.5058 (-12.96)***		
fluird				-1.5170 (-3.87)***		
ifd					-0.6490 (-13.53)***	0.8352 (-13.00)***
fluifd						-2.5841 (-4.66)

---

① 篇幅所限,其他控制变量的回归系数及显著性未予以列示。

由表 5-11，模型（2）中 ri 系数不具有显著性，但模型（3）和模型（4）中 ird 和 ifd 系数显著为负，说明利率决定方式的放开和利率浮动范围的扩大，能够显著改进上市公司财务环境，fluird 和 fluifd 显著为负，说明随着利率决定方式的放开和利率浮动范围的扩大，资本结构波动对财务困境的推动效应降低。这从更深层次上证明了假设 2 的正确性，同时说明在我国经济环境中，利率决定方式和浮动范围扩大对企业财务环境的改进作用比基准利率调整更大。

（四）稳健性检验

1. 变换资本结构波动计量方式检验

我们以连续 5 年年末负债比例的标准差 flu5 作为资本结构波动的衡量指标，重新对模型进行多层次回归分析，结果如表 5-12 所示。

表 5-12　以 5 年资本结构波动为因变量的稳健性检验统计表[①]

变量名	(1)	(2)	(3)
flu5	0.0140 (2.46)**	0.0132 (2.32)**	2.2888 (3.35)***
imkt		-1.5821 (-13.37)***	-1.5983 (-12.18)***
fluimkt			-0.3699 (-2.35)**

从表 5-12 数据看，第（1）~（3）列 flu5 回归系数都显著为正，这进一步说明了本章假设 1 的正确性；交乘项 fluimkt

---

① 篇幅所限，其他控制变量的回归系数及显著性未予以列示。

系数显著为负,说明利率市场化进程的提高有利于降低资本结构波动对财务困境的影响,这也验证了假设2的正确性。

2. 变换财务困境计量方式和删除2012年退市预警新修订政策检验

本书还计算了2002~2013年各样本公司的Altman Z值,将Z值低于1.8分的公司认定为财务困境公司,重新对模型进行回归,结果也证实了本章假设的正确性。考虑到2012年证券交易所出台新上市交易规则对退市预警政策进行了修订,我们删除2012年以后公司样本重新进行实证检验,研究结果也未发生变化。篇幅限制,多元回归分析结果不再列示。

四、本章小结

资本结构波动不仅会推动债务资本成本上升,也会对企业财务风险产生影响。传统财务理论认为,企业负债比例越高,其财务风险越大。本章首先通过数理模型分析,提出资本结构波动能够增加企业陷入财务困境可能性的命题,并结合我国利率市场化进程推进的经济背景,综合考察利率市场化和资本结构波动对企业财务困境的影响。通过上市公司财务数据的实证检验,本章研究发现:资本结构波动幅度越大,企业陷入财务困境可能性越高。利率市场化进程的提高有利于降低资本结构波动幅度,从而缓解了资本结构波动对企业财务困境的助推效应。进一步研究表明,在利率市场化进程中,利率决定方式市场化和利率浮动范围的扩大能显著降低资本结构波动对财务困境的推动作用,而基准利率水平确定对企业财务困境影响相对比较小。

根据本章研究结论,在目前经济新常态下,当企业在经营过程中出现困难时,不应大幅度调整资本结构,避免因资本结构波动过大导致财务状况恶化。从宏观政策来看,由于利率决定方式和利率浮动范围对企业财务困境的避免作用,政府应考虑进一步推动利率市场化,实现存款利率的完全放开,同时加大银行业的开放,促进银行业竞争,减轻企业融资约束,达到降低资本结构波动以抑制出现企业财务困境的作用。

第六章 资本结构波动与企业价值关系：费用粘性视角

资本结构波动与企业价值关系：费用粘性视角

根据第二章的理论分析，资本结构波动对企业价值的影响不仅包括资本成本和财务风险，还会影响公司治理效果。第四章和第五章分别从债务资本成本和财务困境方面检验了资本结构波动对企业价值的影响，本章继续这一系列的主题研究，从费用粘性角度探讨资本结构波动影响公司治理效果，最终影响企业价值的路径。产品市场竞争是影响公司治理、费用粘性的重要因素，本章将其一并纳入研究体系中。为实现这一研究目的，本章建立数理模型分析产品市场竞争、资本结构波动和费用粘性之间的关系，并利用上市公司数据实证检验理论分析正确性。为此本章分三个部分，第一部分为文献回顾、理论分析和假设的推理；第二部分为实证分析设计；第三部分为实证研究结果。

一、资本结构波动与费用粘性关系理论分析和研究假设

(一) 文献综述

费用粘性对企业价值有重大影响。有关费用粘性的驱动因素是学者关注的重要主题之一。费用粘性的"机会主义观"认为,费用粘性是由经理人的代理问题引发的,因此控制代理问题是降低费用粘性的有效路径(孙铮和刘浩,2005)。循着这一理论,学者们从经理人激励、董事会运作、控股股东性质和持股比例、债务治理等方面进行了系列研究,得出了改进经营者激励、加强董事会建设、提高出资人控制、提高商业信用和银行借款融资比例可以降低费用粘性的初步结论(曹晓雪等,2009;王明虎和席彦群,2011;万寿义和徐圣男,2012;赵息和李粮,2012;方金荣等,2014;罗宏等,2015)。

理论上说,债务融资的引进,减少了企业自由现金流量,因此会在一定程度上降低费用粘性,减少企业的代理成本(Jensen,1986;方金荣等,2014)。在现实生活中,受各种因素的影响,企业资本结构并不是一成不变的,而是随着目标资本结构的变化进行动态调整(Flannery and Rangan,2006;王正位等,2007),这种持续不断的动态调整引发资本结构波动(王明虎等,2014;王先斌等,2016)。近期一些研究发现,经济结构波动会导致债务资本成本和权益资本成本的提高,助推企业陷入财务困境等不利经济后果(王明虎等,2014;王明虎和郑军,2016;陶会兴,2016;王明虎和章铁生,2016)。而就资本结构波动与费用粘性

关系来看，资本结构波动加大了企业债务契约的不稳定性，从而影响债务融资的费用粘性治理效果，因此资本结构波动应该是影响债务治理对费用粘性作用的重要变量，而目前这方面的研究还未有显著进展。

产品市场竞争是公司外部治理的主要构件，对改进公司治理效果有重大影响（胡一帆等，2005）。产品市场竞争强度越大，企业的经营风险越高，为确保自身控制权收益，经理人员会加大对企业管理的投入，减少低效率支出，从而减少代理成本（Januszewski et al.，2002；蒋荣和陈丽蓉，2007；Giroud and Mueller，2011）。产品市场竞争也是企业资本结构的重要影响因素之一，在竞争程度比较高的行业，负债水平低，有较强盈利能力的企业会主动降低产品价格，减少产品销售现金流入，逼迫竞争对手提高负债比例，从而提高行业的杠杆比例（赵蒲和孙爱英，2003）；产品市场竞争越激烈，公司趋向目标调整资本结构的速度越快（黄继承和姜付秀，2015）。由上可知，产品市场竞争从约束代理成本和影响资本结构两个方面形成对费用粘性的重要影响，而从我国目前的经济形势看，随着市场需求减弱，产能过剩成为钢铁、煤炭等多数行业现实问题，产品市场竞争加剧，这种竞争的加剧是否会改善企业费用粘性，值得进一步探讨。

（二）理论分析和研究假设

1. 基本分析框架

我们借鉴王明虎和席彦群（2011）的研究模型，设企业产品销售单价为 P，产品销售量为 Q，单位变动成本为 V，固定成本为 F，总收入为 S，总成本费用为 C，企业没有资本性支出，企业自由现金流量为 G，经理人控制的私人收益为 E，根据 Jensen（1986）、王明虎和席彦群（2011）的观点，E 为 G 的增函数，设

为 $E = f(G)$。

根据上述设定，我们得到如下公式：

$$S = PQ \tag{1}$$

$$C = VQ + F + E \tag{2}$$

$$\frac{\partial E}{\partial G} > 0 \tag{3}$$

我们进一步分析 E 和 G 的函数关系，从经理人员自身效用和企业经营风险两方面看，当 G 增加时，企业经营效率提升，风险下降，企业经理人员会从提升自身效用角度，扩大自身在企业的私人收益，导致 E 以更大幅度增加；相反，若 G 减少时，企业经营效率下降，风险增加，为保证自己的管理控制地位，经理人员也会大幅度降低 E。根据上述论述，函数 $E = f(G)$ 具有严格凹向增函数特征，其一阶和二阶导数都大于零。

2. 不考虑负债条件下费用粘性的分析

在没有负债的条件下，我们有如下计算公式：

$$G = PQ - VQ - F \tag{4}$$

$$\frac{\partial G}{\partial Q} = P - V > 0 \tag{5}$$

结合式（3）和式（5）可知：

$$\frac{\partial E}{\partial Q} > 0 \tag{6}$$

根据式（1）~（6）可得：

$$\frac{\partial S}{\partial Q} = P \quad \frac{\partial C}{\partial Q} = V + \frac{\partial E}{\partial Q}$$

成本费用增幅和收入增幅之间的差为：

$$\frac{\partial S}{\partial Q} - \frac{\partial C}{\partial Q} = V - P + \frac{\partial E}{\partial Q} \tag{7}$$

由于 P 和 V 是常数，$\frac{\partial E}{\partial Q} > 0$，当 Q 增加时，由于函数 $E = f$

（G）二阶导数大于零，因此$\frac{\partial E}{\partial G}$增加，在$\frac{\partial G}{\partial Q}$为常数的情况下，$\frac{\partial E}{\partial Q}$值增加；同理，当 Q 减少时，$\frac{\partial E}{\partial Q}$值减少。由此可知，当 Q 增加时$\frac{\partial C}{\partial Q}$与$\frac{\partial S}{\partial Q}$的差要大于当 Q 减少时$\frac{\partial C}{\partial Q}$与$\frac{\partial S}{\partial Q}$的差，即企业存在费用粘性。

3. 考虑负债情况下企业费用粘性分析

仍以上述分析框架，假定企业为控制代理成本，引进债务融资，会计期内企业增加负债 L，偿还负债 P，支付利息 R。则企业的自由现金流量 G 为：

$$G = PQ - VQ - F + L - P - R \tag{8}$$

令 D = L - P - R，则：

$$G = PQ - VQ - F + D \tag{9}$$

与（4）式相比，G 的变化取决于 D，若 D 大于 0，G 增加，由（3）式可知 E 增加，从而在 Q 不变的情况下$\frac{\partial E}{\partial Q}$增加，则当 Q 增加时$\frac{\partial C}{\partial Q}$与$\frac{\partial S}{\partial Q}$的差与当 Q 减少时$\frac{\partial C}{\partial Q}$与$\frac{\partial S}{\partial Q}$的差相比差异更大，企业费用粘性增加。同理可知当 D 小于 0 时，企业费用粘性降低。

根据孙铮等（2005）、胡杰（2014）等文献研究，我国上市公司负债大多数属于流动负债。流动负债具有一年内还清的特征，即在一定年度内 L 和 P 基本相等，由于债务利息 R 的存在，D 小于 0；负债比例越高，R 越大，D 值越低，导致 G 值越低，因此企业费用粘性越低。

根据上述推理，我们得到如下推论：

推论 1：企业负债比例越高，其费用粘性越低。

4. 资本结构波动与费用粘性的关系分析

虽然负债的引入可以在一定程度上减少自由现金流量,增加了债务对企业资金使用的约束,从而减少经营者的私人收益,但这种作用不会随着负债的增加而加强,而是随负债的增加而逐步下降。这是因为企业初始增加负债时,不仅自由现金流量减少,还会由于债务契约的约束而控制一些不必要的开支,这时经营者为保障自身的管理控制地位,会减少一部分私人收益。随着企业债务的逐步增加,自由现金流量逐步减少,经营者私人收益逐步降低,直至接近于0。

我们将企业资本结构、私人收益和费用粘性之间的关系用图6-1分析。

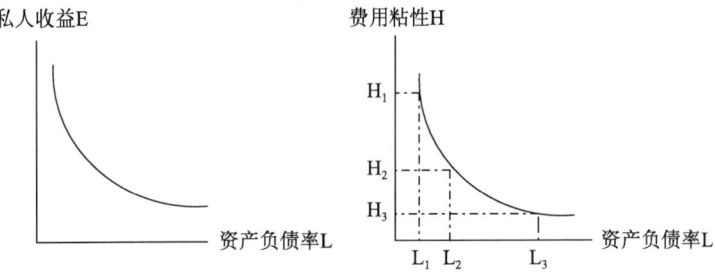

图 6-1　资本结构、私人收益和费用粘性关系图

图6-1中左图描述的是资产负债率与经营者私人收益的关系,负债引进带来自由现金流量下降和利息费用增加,导致经理人员私人收益的减少;随着资产负债率的增加,私人收益逐渐降低最后趋向于0。而根据(7)式,费用粘性的大小主要取决于E的大小,当私人收益E为0时,费用粘性为0,因此资产负债率与企业费用粘性之间的关系为一个凹向的减函数,如果我们令企业费用粘性为H,资产负债率为L,则函数$H = \omega(L)$具有以下特征:

$$\frac{\partial H}{\partial L} < 0 \tag{10}$$

由此我们得到如下推论：

推论2：费用粘性的下降幅度随企业负债比例的增加而逐步递减，直至趋于0。

我们利用解析几何方法来分析费用粘性与资本结构波动之间的关系。根据推论1和推论2，企业费用粘性与资产负债率关系如图6-1右图曲线所表示。假定企业有三个不同的资产负债率水平 L_1、L_2、L_3，其中 L_2-L_1 等于 L_3-L_2，即资产负债率在 L_1、L_2、L_3 之间等距离增加，其对应的费用粘性分别为 H_1、H_2 和 H_3。根据推论2，我们可以得到如下不等式：

$$H_1 - H_2 > H_2 - H_3$$
$$H_1 + H_3 > 2H_2$$
$$(H_1 + H_3)/2 > H_2 \tag{11}$$

由（11）式可知，当资本结构处于静止状态 L_2 时，企业的费用粘性要小于企业资本结构在 L_1 和 L_3 之间变动时的均值。即资本结构的波动会推动费用粘性的放大。从图6-1右图看，如果扩大 L_1、L_3 和 L_2 之间的距离，则（H_1+H_3）/2 与 H_2 的差更大，说明随着资本结构波动幅度加大，其对费用粘性的助推作用增强。

我们还可以通过理论分析来讨论资本结构波动与费用粘性的关系。契约的长期和稳定性是其对市场主体产生约束力的前提条件，可重复的博弈是市场主体协作的基础（张维迎，2003；Schwartz，2006）。资本结构越稳定，企业和债权人之间的契约关系越稳定，债务治理对企业代理成本的控制作用就越强；当企业资本结构处于不断调整状态时，企业和债权人就难以签订比较长期的合约，企业和债权人的合作难以重复，这就势必影响债务治理的效果,从而会降低负债对费用粘性的抑制作用。

根据上述理论分析和数理模型推导,我们提出如下假设:

假设1:企业资本结构波动越大,其费用粘性越高。

5. 产品市场竞争对费用粘性的影响

产品市场竞争程度的提高对企业有两方面影响:一方面,随着竞争度的提高,各企业的市场占有率下降,导致产品销售增长幅度降低;另一方面,伴随着竞争度的提高,经理人员会加大成本费用控制,使得成本费用的增长幅度下降。这些都会对费用粘性产生影响。我们对上述两方面的影响分别进行讨论如下:

(1)销售量增长幅度下降对费用粘性的影响。当企业销售量Q的增长幅度下降时,G的增长幅度下降,根据(3)式,$\frac{\partial E}{\partial G}$ 变小,在 $\frac{\partial G}{\partial Q}$ 为常数的情况下,$\frac{\partial E}{\partial Q}$ 变小。在这种情况下,根据(7)式,在V和P不变的情况下,$V-P+\frac{\partial E}{\partial Q}$ 减少,企业费用粘性下降。

(2)成本费用增长幅度下降对费用粘性的影响。由于在一定产能范围内固定成本F不变,单位成本V不变,因此经理人员控制的成本费用主要是降低其自身的私人收益E,即经理人员采取措施降低E随Q增长的幅度。这样导致 $\frac{\partial E}{\partial Q}$ 降低,根据(7)式,在V和P不变的情况下,$V-P+\frac{\partial E}{\partial Q}$ 减少,企业费用粘性下降。

总结上述两种情况可以看出,由于产品市场竞争导致销售收入增长幅度下降和成本费用增长幅度下降,企业的费用粘性都呈下降趋势。由此我们提出如下假设:

第六章 资本结构波动与企业价值关系：费用粘性视角

假设2：产品市场竞争程度越激烈，企业费用粘性越低。

6. 不同产品市场竞争背景下资本结构波动对费用粘性影响差异

假设1和假设2分别讨论了资本结构波动和产品市场竞争对费用粘性的影响。在我国目前存在着产品市场竞争度提高的趋势，这种趋势是否会对资本结构波动与费用粘性的关系产生影响值得进一步讨论。我们仍依据前述分析模型进行讨论，图6-2中，曲线1和曲线2分别代表着产品市场竞争度低和竞争度高两种情况下企业资产负债率与费用粘性之间的关系。根据不等式（10）两条曲线的导数都小于0，由于曲线2代表产品市场竞争度高，费用粘性下降，导致等负债水平条件下曲线2的费用粘性比曲线1的费用粘性更低，曲线2比曲线1导数更低，具体关系如图6-2所示。

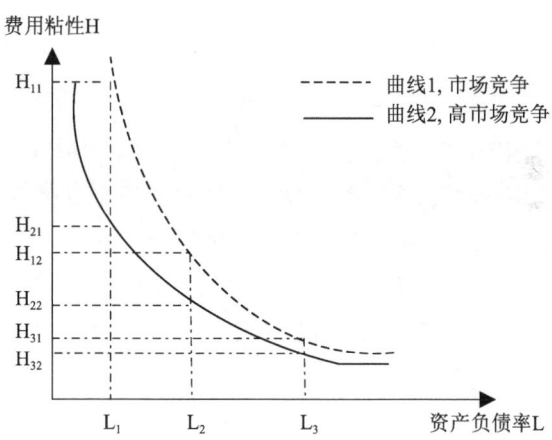

图6-2 不同产品市场竞争水平对资本结构与费用粘性关系影响

仍假定有三个不同的资产负债率水平 L_1、L_2、L_3，资产负债率 $L_2 - L_1$ 等于 $L_3 - L_2$，即资产负债率在 L_1、L_2、L_3 之间等距离增加。曲线 1 在 L_1、L_2、L_3 点对应的费用粘性分别为 H_{11}、H_{12} 和 H_{13}，曲线 2 在 L_1、L_2、L_3 点对应的费用粘性分别为 H_{21}、H_{22} 和 H_{23}。由于在 L_1、L_2、L_3 点曲线 1 的导数都小于曲线 2，在减函数的情况下，可知（$H_{21}+H_{23}$）$-2H_{22}$ 要小于（$H_{11}+H_{13}$）$-2H_{12}$，即在曲线 2 中，资本结构波动对费用粘性的影响要小于曲线 1 中资本结构波动对费用粘性的影响程度，从图 6-2 中也可以清楚地看到这种差异。

根据上述分析，我们提出如下假设：

假设 3：当产品市场竞争程度加强时，企业资本结构波动对费用粘性的影响变小。

二、资本结构波动与费用粘性的实证研究设计

（一）数据收集处理

本书利用国泰安经济金融研究数据库（CSMAR）收集我国 A 股上市公司年报和季报财务数据，样本区间为 2002~2015 年；本书采用 winsorized 对主要变量所有小于 1%（大于 99%）的分位数进行缩尾处理，删除资产负债率大于 100% 的样本，以及一些极端值样本。经过上述处理后，最终得到 22431 个公司年度完整观测样本。

（二）模型设计和变量定义

1. 分析模型

仿照 Anderson 等（2003）研究费用粘性的方法，我们建立以下分析模型：

$$CBD = \alpha + \beta_1 SRD + \beta_2 d\_SRD + \beta_3 HHI\_d\_SRD + \beta_4 flu\_d\_SDR + \beta_5 up\_flu\_d\_SDR + \Sigma \gamma_i X * d\_SDR + \varepsilon$$

2. 变量定义

(1) 因变量设计。按照 Anderson 等（2003）研究费用粘性的方法，以本年度和上年度企业管理费用之商的自然对数 CBD，作为费用粘性计算的基础。选择管理费用的主要原因是经理人员能够控制的私人收益在企业中主要通过管理费用账户核算，其他如营业成本和销售费用账户所核算的成本费用项目多数直接与生产经营有关，而与经理人员的代理成本关系比较小。

(2) 主要解释变量设计。以本年度和上年度营业收入之商的自然对数 SRD，作为评估企业前后两年收入变动的变量。设置虚拟变量 d，当年度收入比上年增长时取值为 0，否则取值为 1。设置变量 d_SRD，其与 CBD 的回归系数作为判断企业是否存在费用粘性的依据，根据 Anderson 等（2003）模型思想，若其回归值系数为负，则说明企业存在费用粘性。

以营业收入的赫芬达尔指数 HHI 来衡量产品市场竞争度，其计量方式为企业年度营业收入占行业年度营业收入总和比例的平方和，HHI 值越小，说明产品市场竞争度越大；以 HHI 和 d_SRD 的乘积设置变量 HHI_d_SRD，作为判断产品市场竞争对费用粘性的影响，根据 Anderson 等（2003）模型思想，若其回归系数为负，则说明产品市场竞争程度的提高有利于费用粘性的控制。

按照王明虎等（2016）以及其他同类研究资本结构波动文献的做法，以一年年初和四个季度末的资产负债率标准差作为资本结构波动的衡量指标 flu，以 flu 和 d_SRD 的成绩设置变量 flu_d_SRD，根据 Anderson 等（2003）模型思想，若其系数为负，则说明资本结构波动助推企业费用粘性。

设置哑变量 up，当 HHI 值小于年度均值时取值为 1，否则取值为 0，在此基础上设变量 up_flu_d_SRD，其值为 up 与 flu_d_SRD 乘积。用以观测产品市场竞争度提升和资本结构波动对费用粘性的综合影响，若其系数为正，则说明竞争度上升时资本结构对费用粘性影响下降。

（3）其他控制变量。除上述主要解释变量外，本书加入其他控制向量 X，包括产权性质、内部控制水平、负债比例、所在区域、企业规模、高管薪酬与持股状况、宏观经济增长、金融政策、利率水平、行业等对费用粘性的影响因素。

本书模型主要变量的定义情况如表 6-1 所示，其他变量如 alever 等见表 3-2。

表 6-1　　　　　　　模型主要变量定义表

变量名	取值方式
CBD	ln（年度管理费用/上年管理费用）
SRD	ln（年度营业收入/上年营业收入）
HHI	收入的赫芬达尔指数，用来衡量行业竞争度，其计量方式为企业年度营业收入占行业年度营业收入总和比例的平方和
flu	某一会计期间内年初、年末和中间三个季度末企业资产负债率的标准差
d	虚拟变量，若年度营业收入大于上年营业收入则取值为 0，否则取值 1
d_SRD	d 与 SRD 的乘积
HHI_d_SRD	HHI 与 d_SRD 的乘积
flu_d_SRD	flu 与 d_SRD 的乘积
up	当 HHI 值小于年度均值时取值为 1，否则取值为 0
up_flu_d_SRD	up 与 flu_d_SRD 乘积
ICMINDEX	迪博内部控制指数
EAST	虚拟变量，若企业在东部地区则取值 1，否则取 0
sharesmana	年度董事、监事和高级管理人员持股总和
aversalary	年度董事、监事和高级管理人员平均报酬

3. 分析软件

本书所有统计分析使用 STATA12 软件实现。

三、资本结构波动与费用粘性关系的实证研究结果分析

(一) 描述性统计

主要变量描述性统计如表6-2所示。

表6-2　　　　　全样本描述性统计分析表

变量	观测值数	均值	标准差	最小值	最大值
CBD	22388	0.1381	0.3175	-1.0181	1.3119
SRD	22394	0.1203	0.3360	-1.0348	1.5061
alever	25329	0.4929	2.8986	0.0033	0.9999
flu	25329	0.0515	0.0735	0.0036	1.0001
control	25335	0.4747	0.4994	0	1
ICMINDEX	25335	3.2836	3.4219	0	9.9536
HHI	25335	0.0687	0.1228	0	1
EAST	25335	0.5311	0.4990	0	1
lna	25332	21.6111	1.2344	13.0760	28.5087
sharesmana	25335	2.59e+7	8.34e+7	0	2.09e+9
aversalary	24245	175425.6	189452.6	0	4457917
GDP	25335	0.0919	0.0196	0.069	0.1416
DKL	25335	0.1539	0.0543	0.06	0.205
rate	25335	0.0583	0.0053	0.0506	0.0686

从表6-2数据看，SRD的均值为0.1203，略低于罗宏等(2015)、翟胜宝等(2015)统计结果，这可能是因为本书研究样本包括了2013~2015年时期样本数据，而上述文献未统计2013~2015年上市公司SRD数据，这一时期恰好是我国经济进入新常态，企业收入增长水平放慢。CBD的均值要大于SRD的均值，这是费用粘性的最基本条件。alever均值为0.4929，与王

明虎和章铁生（2016）统计结果相比略高 0.03，这可能是因为受 2014~2015 年经济下行影响，企业亏损导致负债比例提高；flu 的均值为 0.0515，与王明虎和章铁生（2016）统计结果相比略高 0.0106，这可能是因为 2014~2015 年负债比例提高、企业亏损导致的资本结构波动加大。control 均值为 0.4747，低于王明虎和章铁生（2016）样本数据，说明非国有经济有了更大的发展；比较引人注意的是 sharesmana 均值仅为 259 万股，与上市公司平均股本数相比不到 1%，说明我国上市公司中高管层持股比例还比较低。

为进一步了解主要变量近年的变动趋势，我们把样本分年度进行了均值统计，具体结果如表 6-3 所示。

表 6-3　　　　按年份分组样本统计表

年份	HHI	flu	CBD	SRD
2002	0.0742	0.0555	—	—
2003	0.0780	0.0618	0.1129	0.1496
2004	0.0757	0.0484	0.1732	0.1791
2005	0.0801	0.0400	0.1154	0.0506
2006	0.0795	0.0478	0.0622	0.1002
2007	0.0716	0.0556	0.0426	0.2029
2008	0.0748	0.0567	0.1840	0.0800
2009	0.0723	0.0523	0.0794	0.0282
2010	0.0701	0.0649	0.1755	0.2309
2011	0.0697	0.0553	0.2027	0.1949
2012	0.0689	0.0463	0.1525	0.0971
2013	0.0691	0.0505	0.1466	0.1196
2014	0.0622	0.0448	0.1182	0.0827
2015	0.0579	0.0515	0.1500	0.0881

从表 6-3 可以看出，自 2005 年以后，HHI 值有下降趋势，说明我国上市公司产品市场竞争度呈现不断提升的趋势。自 2010 年以来，SRD 逐年下降（2015 年略有提升），验证了经济

发展速度减缓的新常态特征；CBD 也呈现下降趋势，但总体上都大于同期 SRD 水平，说明费用粘性现象稳定存在。flu 均值呈振荡变化，总体趋势不明显。

我们还把样本按平均资产负债率分组对因变量和主要解释变量进行均值统计分析，结果如表 6-4 所示。

表 6-4　　　　按资产负债率分组样本统计表

样本量	alever	CBD	SRD	Y = CBD − SRD
1010	0 ~ 0.1	0.1575	0.0952	0.0623
2322	0.1 ~ 0.2	0.1732	0.1186	0.0546
3084	0.2 ~ 0.3	0.1583	0.1106	0.0477
3742	0.3 ~ 0.4	0.1449	0.1248	0.0201
4119	0.4 ~ 0.5	0.1540	0.1274	0.0266
4028	0.5 ~ 0.6	0.1404	0.1272	0.0132
3610	0.6 ~ 0.7	0.1345	0.1363	−0.0018
2252	0.7 ~ 0.8	0.1110	0.1309	−0.0198
1229	0.8 ~ 1	0.0638	0.1144	−0.0507

从表 6-4 看，大部分企业资产负债率在 20% ~ 70% 之间；CBD 在资产负债率处于 0.1 ~ 0.2 区间时最高，随着资产负债率水平逐步提高，CBD 值逐渐下降，CBD 与 SRD 差距 Y 逐步缩小，说明随着负债水平提高，费用粘性基础缩小；从缩小的绝对量来看，也呈现出逐步降低的趋势，这初步证实了本章推理 1 和推理 2 的正确性，从另一个侧面验证了本章假设的有效性。

（二）主要变量相关性检验

我们把模型中主要变量进行相关性分析，具体见表 6-5。从表 6-5 数据看，SDR 与 CBD 显著正相关，说明收入增长和管理费用增长有显著关系；HHI、flu 以及其他主要控制变量也与 CBD 关系显著，说明本书模型主要变量和因变量之间存在显著关系，本书模型基本有效。

表 6-5　主要变量相关性检验表

	CBD	SRD	alever	flu	control	ICMINDEX	HHI	EAST	lna	sharesmana	aversalary	GDP	DKL	rate
CBD	1.0000													
SRD	0.3009 *	1.0000												
alever	0.0113 *	0.0150 *	1.0000											
flu	-0.0410 *	0.0507 *	0.2038 *	1.0000										
control	-0.0562 *	-0.0049	0.0084	-0.0022	1.0000									
ICMINDEX	0.0733 *	0.0399 *	-0.0026	-0.0793 *	-0.0445 *	1.0000								
HHI	0.0202 *	0.0087	0.0263 *	0.0354 *	-0.0053	-0.0157 *	1.0000							
EAST	0.0271 *	0.0147 *	-0.0036	-0.0163 *	-0.1461 *	0.1217 *	0.0289 *	1.0000						
lna	0.1036 *	0.1010 *	-0.0284 *	-0.0507 *	0.2711 *	0.2201 *	-0.0409 *	0.0095	1.0000					
sharesmana	0.0672 *	0.0368 *	-0.0130 *	-0.0329 *	-0.2555 *	0.0637 *	-0.0070	0.1109 *	0.0564 *	1.0000				
aversalary	0.0521 *	0.0529 *	-0.0007	0.0125 *	-0.0588 *	0.2604 *	-0.0003	0.1054 *	0.4928 *	0.1837 *	1.0000			
GDP	-0.0643 *	0.0394 *	0.0226 *	0.0063	0.1366 *	-0.3000 *	0.0339 *	-0.0440 *	-0.1489 *	-0.1771 *	-0.2067 *	1.0000		
DKL	0.0523 *	-0.0052	-0.0040	-0.0011	-0.1893 *	0.5839 *	-0.0397 *	0.0849 *	0.2208 *	0.2043 *	0.3999 *	-0.5789 *	1.0000	
rate	-0.0005	0.0162 *	0.0115 *	-0.0047	0.0055	0.3369 *	0.0100 *	0.0236 *	0.0006	-0.0392 *	0.0458 *	0.2956 *	0.2227 *	1.0000

注：* 表示 10% 显著性水平

第六章 资本结构波动与企业价值关系：费用粘性视角

（三）多元回归分析结果

本书模型各层次回归结果如表6-6所示。从表6-6数据看，SRD在模型各层次回归系数都显著为正，d_SRD在模型各层次回归系数都显著为负，且SRD系数绝对值大于d_SRD系数绝对值，根据Anderson等（2003）模型思想，说明样本公司收入上升时费用上升的幅度大于收入下降时费用下降的幅度，这就证明了费用粘性的存在性。在层次（3）~（5）中，flu_d_SRD系数显著为负，说明资本结构波动增大了企业的费用粘性。这就证明了本章假设1的正确性；在层次（2）~（5）中，HHI_d_SRD系数显著为负，说明随着HHI的增长，行业竞争度下降，费用粘性上升，这就证明了本章假设2的正确性。在层次（4）~（5）中 up_flu_d_SRD系数为正，且具有统计显著性，说明在行业竞争度上升时，资本结构波动对费用粘性的助推作用降低，这就证明了假设3推断的正确性。

表6-6　　　　　　多元回归分析表

因变量 CBD	(1)	(2)	(3)	(4)	(5)
SRD	0.3244*** (47.94)	0.3245*** (47.97)	0.3254*** (48.07)	0.3252*** (48.08)	0.3262*** (47.44)
d_SRD	-0.1580*** (-11.55)	-0.1379*** (-9.32)	-0.1564*** (-9.60)	-0.1450*** (-8.86)	-0.1636*** (-9.83)
HHI_d_SRD		-0.2712*** (-3.55)	-0.2624*** (-3.43)	-0.4653*** (-5.61)	-0.4716*** (-5.77)
flu_d_SRD			-0.1246*** (-2.75)	-0.2498*** (6.25)	-0.2290*** (6.85)
up_flu_d_SRD				0.1360*** (6.28)	0.0879*** (5.92)

续表

因变量 CBD	(1)	(2)	(3)	(4)	(5)
control					−0.0406***
					(−7.41)
ICMINDEX					0.0046***
					(4.87)
EAST					0.0007
					(0.14)
alever					0.0154**
					(2.41)
lna					0.0222***
					(9.08)
sharesmana					1.48e−10***
					(5.10)
aversalary					−5.09e−09
					(−0.33)
GDP					−1.3830***
					(−6.89)
DKL					−0.4980***
					(−5.74)
rate					1.7506***
					(3.04)
_cons	0.1729***	0.1708***	0.1703***	0.1690***	−0.2726**
	(2.77)	(2.74)	(2.73)	(2.71)	(−2.35)
IND*	控制	控制	控制	控制	控制
样本量	22431	22431	22425	22425	21430
F 值	141.84	136.29	131.10	127.60	97.78
R^2	0.1214	0.1218	0.1232	0.1237	0.1365

注：***、**、* 分别表示在1%、5%、10% 水平上显著（双尾检验）

从控制变量来看，ICMINDEX、alever、lna、sharesmana 和 rate 显著为正，说明内部控制水平提高、负债水平提高、资产规模提高、董事监事和高管持股水平提高以及利率水平的提高有利于降低企业费用粘性；control 和 GDP 显著为负，说明国有产权不利于费用粘性控制；宏观经济发展水平的提高有利于费用粘性的提高，这些都比较符合财务理论；比较意外的是 DKL 的提高有助于提升费用粘性，这可能是因为存款准备金率的提高增加企业融资约束，从而推动了资本结构波动（王明虎和王小韦，2015），拉动费用粘性。

（四）进一步研究：不同产权性质下产品市场竞争和资本结构波动对费用粘性影响差异

公司治理结构对企业行为的影响需要通过企业重要的权力机构股东大会和董事会来执行。产权性质对其他公司治理结构作用的发挥有很大的调节作用。许多研究表明，一些在非国有企业行之有效的公司治理制度在国有企业中效果不明显（张维迎等，1998；刘启亮等，2012）。从债务治理来看，由于地方政府的"父爱主义"，债务治理在国有企业中效果较弱（杜飞轮等，2007；谢德仁等，2009）；从产品市场竞争效率来看，刘凤委等（2007）研究发现，政府控制会影响到竞争对经理人薪酬的作用机制发挥；李四海等（2015）研究表明，拥有较多政治资源的国有企业能有效抵御因市场竞争而需要承担的社会责任支出。根据上述文献研究的思想，我们进一步分析不同产权性质与产权市场竞争、资本结构波动对费用粘性影响的差异。

首先，从资本结构角度看，考虑到我国国有企业中广泛存在的债务治理效果不明显，因此在等同负债水平条件下，国有企业费用粘性要大于非国有企业的费用粘性。在这一前提条件下，我们将不同产权性质企业中资本结构波动与费用粘性关系通过图 6-3 左图进行分析。图 6-3 左图中两条曲线分别代表不同债务水平下国有和非国有企业资产负债率与费用粘性的关系。根据不等式 (10) 两条曲线的导数都小于 0,由于非国有企业曲线代表更有效的债务治理效果,因此等负债水平条件下非国有企业曲线的费用粘性比国有企业曲线费用粘性更低,非国有企业曲线比国有企业曲线导数更低。现假设企业资产负债率在 L_1 与 L_2 之间变动,根据假设 3 的推理过程我们可知 $H_{s1} - H_{s2}$ 大于 $H_{p1} - H_{p2}$,即在非国有企业中,资本结构波动对费用粘性的影响更小。

其次,从产品市场竞争角度看,根据前述内容,产品市场竞争通过降低收入形成对自由现金流的降低,产生对经理人的约束,从而具备了费用粘性的抑制作用。实务中,不同产权性质下经理人员私人收益与自由现金流之间的关系存在一定的差异。根据王明虎和席彦群(2011)的研究结果,费用粘性与自由现金流量正相关,我们将不同产权性质条件下企业费用粘性和自由现金流量关系用图 6-3 右图表示。

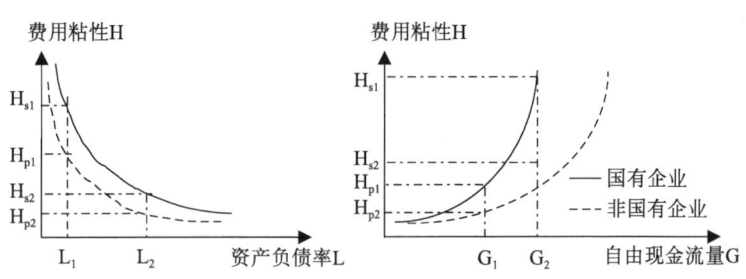

图 6-3　不同产权性质下资本结构波动与产品市场
竞争对费用粘性影响差异分析

图 6-3 右图中两条曲线分别表示企业随自由现金流量增加而提升的关系,国有企业曲线斜率更大,是因为在自由现金流相

同的条件下,国有企业的经理人员的在职消费程度比非国有企业更加严重(刘银国和张琛,2012)。现假定由于产品市场竞争度提高,企业自由现金流由 G_2 下降到 G_1,这时,国有企业费用粘性由 H_{s1} 下降到 H_{s2},非国有企业费用粘性由 H_{p1} 下降到 H_{p2},由于国有企业中费用粘性与自由现金流量曲线斜率更大,因此其费用粘性下降幅度也更大,即 $H_{s1}-H_{s2}$ 大于 $H_{p1}-H_{p2}$,也就是说,产品市场竞争对费用粘性的抑制作用在国有企业中的作用更显著。

为检验上述理论分析的正确性,我们将样本按产权性质分组,重新进行回归,具体结果如表6-7所示。

表6-7 不同产权性质分组多元回归分析表

因变量 CBD	非国有控股	国有控股
SRD	0.2827***	0.4144***
	(34.46)	(33.65)
d_SRD	-0.1416***	-0.2451***
	(-6.93)	(-8.66)
HHI_d_SRD	-0.0680	-0.5441***
	(-1.64)	(-5.08)
flu_d_SRD	-0.0927*	-0.1028**
	(-1.65)	(1.97)
cons_	-0.5803***	-0.0531
	(-5.38)	(0.41)
控制变量	控制	控制
样本量	11228	10202
F值	57.77	51.09
R^2	0.1393	0.1358

注:***、**、*分别表示在1%、5%、10%水平上显著(双尾检验)

从表 6-7 中数据看，在国有控股组，竞争水平提高对费用粘性的控制有显著影响，而在非国有控股组则勉强接近显著影响，且系数绝对值要低于国有控股组；在非国有和国有控股组，资本结构波动对费用粘性都有推动作用，但非国有控股组系数绝对值要低于国有控股组，且显著性水平超过 5%，而国有控股组具有低于 5% 的统计显著性，这证实了本书对不同产权性质条件下资本结构波动和产品市场竞争对费用粘性影响的差异性的论断。

（五）稳健性检验

第一，变更费用粘性的计量指标，以"销售费用 + 管理费用"替代模型中的"管理费用"，即 CBD 取值为 ln[（本期销售费用 + 本期管理费用）/（上期销售费用 + 上期管理费用）]，再利用新的因变量重新进行回归，结果如表 6-8 所示。

表 6-8　稳健性检验（一）：变换因变量取值范围

因变量 CBD	均值	标准差	最小值	最大值
描述性统计	0.1311	0.3210	-1.0993	1.3668
多元回归	(1)	(2)	(3)	(4)
SRD	0.3756 *** (62.16)	0.3784 *** (62.25)	0.3790 *** (62.31)	0.3788 *** (62.34)
d_SRD	-0.1395 *** (-11.56)	-0.1314 *** (-9.89)	-0.1438 *** (-9.82)	-0.1327 *** (-9.02)
HHI_d_SRD		-0.2989 *** (-4.35)	-0.2930 *** (-4.26)	-0.4917 *** (-6.59)
flu_d_SRD			-0.0837 ** (-2.05)	-0.3224 *** (-7.12)

续表

因变量 CBD	均值	标准差	最小值	最大值
up_flu_d_SRD				0.4189*** (6.84)
cons_	0.0783*** (30.42)		0.1924*** (3.43)	0.1912*** (3.41)
控制变量	控制	控制	控制	控制
样本量	22457	22457	22451	22451
F 值	2578	233.80	224.53	217.86
R^2	0.1867	0.1925	0.1929	0.1945

注：***、**、*分别表示在1%、5%、10%水平上显著

从表6-8中数据看，变更后因变量均值与表6-2相比变化不大，与翟胜宝等（2015）统计结果比较接近，略低于罗宏等（2015）统计结果；从多元回归分析结果看，SRD都显著为正，d_SRD显著为负，HHI_d_SRD显著为负，flu_d_SRD显著为负，up_flu_d_SRD显著为正，这些都和因变量变换前的回归结果基本一致，也进一步证明了本章假设的正确性。值得注意的是，在表6-6层次（1）中SRD与d_SRD系数和为0.1664，而表6-8层次（1）中SRD与d_SRD系数和为0.2631，说明费用粘性的计量由单纯管理费用变更为销售费用和管理费用两个项目时，其粘性增加。

第二，变更资本结构波动的计算方法，我们以连续5年末资产负债率的标准差为资本结构波动的计量变量，替代一年内年初和四个季度末资产负债率标准差，重新加入模型进行回归，其回归结果如表6-9所示。

表 6-9　　　　稳健性检验（二）：变换主变量

描述性统计		
因变量	均值	标准差
以连续 5 年末资产负债率标准差为依据	0.1615	0.3604

多元回归分析		
自变量	(1)	(2)
SRD	0.3286*** (49.32)	0.3287*** (49.35)
d_SRD	-0.1974*** (-12.27)	-0.1852*** (-11.31)
HHI_d_SRD	-0.3687*** (-3.25)	-0.1662** (2.02)
flu_d_SRD	-0.0617*** (-3.3)	-0.1281*** (-4.85)
up_flu_d_SRD		0.1958*** (3.86)
控制变量	控制	控制
样本量	14899	14899
F 值	132.82	128.22
R^2	0.1752	0.1773

注：***、**、* 分别表示在 1%、5%、10% 水平上显著（双尾检验）

从表 6-9 看，描述性统计中，以 5 年末资产负债率标准差计算的资本结构波动均值和标准差均大于按一年内年初和四个季度末的标准差计算的资本结构波动，这是因为随着观测期的延长，资本结构波动幅度会扩大。从多元回归分析看，其结果与前述回归结果基本一致，这也证明了本书假设的正确性。

第六章 资本结构波动与企业价值关系：费用粘性视角

最后，本书变换费用粘性的计算方法，根据王明虎和席彦群（2011）做法，以当年管理费用与上年管理费用的比，减去当年营业收入与上年营业收入的比，以两者之差作为替代变量，重新计量费用粘性，设置交乘项 up_flu 为 up 与 flu 的乘积，并将费用粘性与资产负债率、资本结构波动等变量重新进行回归，主要结果如表6-10所示。

表6-10　　稳健性检验（三）：变换因变量取值方式

描述性统计：因变量 fynx				
观测值个数	24368	均值		0.0172
标准差	0.5506	取值大于0个数		13136
取值小于0个数	11232			

多元回归分析				
自变量	(1) 全样本	(2) 本年营业收入 大于上年 营业收入	(3) 本年营业收入 小于上年 营业收入	(4) 全样本
HHI	0.0624** (1.99)	-0.1267* (-1.65)	0.7612*** (4.99)	0.0644** (2.01)
flu	0.9467*** (7.42)	1.1625*** (22.20)	0.7614*** (9.96)	0.9220*** (9.77)
up_flu				-0.7474*** (-7.01)
其他控制变量	控制	控制	控制	控制
样本量	22425	15933	6432	22425
F值	38.79	39.83	22.37	32.83
R^2	0.012	0.012	0.0959	0.0165

从表6-10中数据看，HHI 与 fynx 显著正相关，flu 与 fynx 显著正相关，交乘项显著负相关，结果也证明了本章假设的正确性，囿于篇幅，不再详细论述。

四、本章小结

费用粘性的"机会主义观"认为,费用粘性是公司治理效率下降的重要后果。资本结构波动影响公司治理的稳定性,从而对费用粘性产生影响。本章首先建立数理分析研究框架,探索不同资本结构波动水平对费用粘性的可能影响,并引入产品市场竞争这一重要公司治理结构因素全面分析资本结构波动对费用粘性的作用,然后运用上市公司财务数据进行理论检验。研究发现,资本结构波动对费用粘性有助推作用,这种助推作用会随着资本结构波动幅度的提升而增强;当产品市场竞争度提高时,资本结构波动对费用粘性的助推作用降低。进一步研究发现,在不同产权性质企业中产品市场竞争和资本结构波动对费用粘性的影响存在差异,在国有控股企业中产品市场竞争和资本结构波动对费用粘性的影响更显著。

根据上述结论,本书提出如下建议:首先,从企业层面看,对于需要通过提高负债比例来抑制经理人员代理成本的企业来说,需要注意保持资本结构相对稳定,不能让资本结构波动幅度过大,这样既能有效发挥债务的代理成本治理作用,也能在一定程度上抑制由于资本结构波动过大带来的费用粘性扩张效应;其次,从国家金融政策角度分析,可以考虑逐步放松金融市场的管制,缓解企业融资约束,这样有利于降低企业资本结构波动幅度,更有效抑制费用粘性水平;最后,从国家产业政策角度考虑,应适当保持各行业的竞争水平,形成对经理人员的外部约束,抑制费用粘性,还可以通过产品市场竞争削弱资本结构波动对费用粘性的推动作用。

结论、建议与研究局限性

在前六章的研究中，本书通过多方面研究，形成了多方面的研究结论。本章将对上述章节的研究结论进行系统总结，并根据本书研究结论，提出政策建议、研究局限性以及后续研究安排，总结课题研究。

一、研究结论

本书通过理论研究，探索了资本结构波动的机理和价值影响路径，并利用上市公司财务数据，实证检验了宏中微观的各层次驱动因素对资本结构波动的驱动因素，以及资本结构波动对企业资本成本、财务困境以及费用粘性的助推作用。通过前述研究，本书得到如下结论。

（一）资本结构波动的产生

资本结构受多种经济和政治因素影响，而

这些影响因素随着市场因素的变化而不断变更，因此企业资本结构就会处于不断的调整当中，形成资本结构的波动。从理论上说，宏观经济发展趋势变化、金融市场变革、区域市场化水平、区域金融发展水平、地方政府与企业关系等中观因素变化，以及经营情况、重大融资安排和企业自然成长等微观因素变迁，都会引起资本结构波动。从本书实证研究检验的结果来看，主要结论包括以下三个方面：（1）从宏观层次看，宏观经济增长速度越快，企业资本结构波动幅度越小；货币政策越紧缩，企业资本结构波动幅度越小；金融发展水平的提高可以显著抑制资本结构波动。（2）从中观层次看，区域市场化程度越高，企业资本结构波动幅度越低；区域政府干预程度越大，辖区内国有及国有控股企业相比非国有及国有控股企业，其资本结构波动幅度越小；不同行业之间资本结构波动幅度存在显著差异。（3）从微观层面看，企业盈利能力越强，资本结构波动幅度越小；企业成长性越高，其资本结构波动幅度越大；处于货币政策紧缩阶段，企业成长推动资本结构波动的程度要强于货币政策宽松阶段；由于规模较大的企业资本结构调整的可能性更低，融资约束更小，其资本结构波动程度较低。

从上述理论分析和实证检验结果看，资本结构波动受到多方面因素影响，其中一些因素属于自然因素，如企业成长、市场需求的周期变动等会引起资本结构的自然波动；另外，宏观经济形势变化，如金融政策改变、市场化进程以及政府干预程度等因素也会对企业资本结构形成外部冲击，促使企业调整资本结构，从而引发资本结构波动。

（二）资本结构波动的价值影响

资本结构波动使企业资本结构不断处于调整状态，从而影响企业价值。从理论上分析，资本结构波动幅度越大，会导致融资活动交易成本上升；资本结构波动幅度增加还会降低投资效率，增加企业陷入财务风险的可能性；资本结构波动导致公司治理结构的不稳定，从而降低公司治理的效率。从本书实证研究检验的结果看，资本结构波动对企业价值的影响有以下三个方面：（1）资本结构波动助推债务资本成本提高，这种助推作用随着资本结构波动的增加呈加速趋势，并且在宏观经济发展速度放缓的情况下，资本结构波动对债务资本成本的影响更显著。（2）资本结构波动幅度越大，企业陷入财务困境的可能性越大。利率市场化进程的提高可以降低资本结构波动幅度，从而缓解了资本结构波动对企业财务困境的助推效应。（3）资本结构波动对费用粘性有助推作用，这种助推作用会随着资本结构波动幅度的提升而增强；当企业负债比例提高时，资本结构波动对费用粘性的助推作用进一步放大。

综合理论和实践研究结果可以看出，虽然资本结构波动是企业财务活动中不可避免的一个现象，但资本结构波动从资本成本、财务风险、费用控制等方面都会给企业带来不利的影响。因此，随着企业资本结构波动幅度的增加，必将给企业带来价值方面的减损。在静态资本结构理论中，权衡理论认为企业存在最优资本结构，然而后续研究发现最优资本结构并不是固定不变的，而是随着市场因素不断变化；在动态资本结构调整理论中学者们发现企业的资本结构会在不断的调整过程中向最优资本结构逐步逼近，然而在资本结构调整过程中的资本结构波动就像物理世界中的摩擦力一样，加大了实际资本结构与目标资本结构之间的偏离度，形成企业的价值减损。

二、政策建议

根据上述研究结论，采取有效措施来降低资本结构波动，是企业财务管理中一个有效的思路。鉴于资本结构波动驱动因素的多层次性，本书提出如下政策建议：

（一）宏观经济政策方面

根据本书研究，宏观经济政策自身有纾解资本结构波动的作用，同时宏观经济的发展还可以抵减资本结构波动对企业债务成本的助推作用，因此维持一定水平的宏观经济发展对降低资本结构波动、提升企业价值具有重要作用。目前我国处于经济新常态，宏观经济的中低速发展将会在一定时期内存在，相比于前期的高速增长，未来的宏观经济发展速度减低。在这一宏观经济形势下，多数企业市场需求下降，经营风险上升，因此减少负债成为控制总体风险的选择，这在客观上会引起资本结构的波动。根据这一情况，我们提出如下政策建议：

1. 在稳定的前提下保持宏观经济达到一定的增长速度

宏观经济的稳定有助于企业经营环境的稳定，从而使企业资本需求达到相对均衡，为稳定目标资本结构和资本总量奠定基础，这就在客观上降低了资本结构大幅度波动的必要性。保持宏观经济达到一定的增速，可以在一定程度上抑制资本结构波动水平，同时消减资本结构波动对资本成本的推动作用。我国"十三五"规划确定，"十三五"期间，我国宏观经济要在提高发展平衡性、包容性、可持续性基础上保持中高速增长，这是一个非常合理的规划目标。而根据国家统计局最新统计，2018年我国

GDP增长速度达到6.6%，如果能够在"十三五"期间继续维持6%以上的增长速度，就可以基本稳定宏观经济形势，稳定企业微观环境。这就需要政府在制定经济政策时，注意调整经济增长方式，优化产业结构，既要推动战略性新兴产业蓬勃发展，也要注重用新技术、新业态全面改造提升传统产业，做好供给侧改革。

2. 坚持消费作为宏观经济主引擎，适度保持投资规模扩张

消费作为拉动需求的主力，既能够扩大需求，同时还能在短期内提高企业投资和经营效率，改善盈利能力，这样就有利于抑制企业资本结构波动幅度，同时提升企业价值。适度的投资规模扩张，有利于产业升级，优化企业经营环境，降低经营成本，促进内需，达到改善企业经营环境，提升企业盈利能力的效果。这就需要各级政府做好产业结构调节，淘汰落后产能，利用产业政策和市场机制促进企业进行产品升级换代，拉动市场需求；利用"互联网＋"等现代信息技术拓展市场空间；利用"一带一路"倡议，促进产品出口。从投资方面来看，注重把控投资结构，限制粗放落后项目投资，引领资本投向于环境友好、产品升级、区域发展基础设施等能够优化产业结构和投资环境的项目，持续改进市场环境，从而改善企业盈利空间，降低经营风险，抑制资本结构波动。

（二）金融政策方面

根据本书研究结果，金融市场在多个方面影响资本结构波动，同时对资本结构波动与企业价值关系有调节作用。政府可以根据上述作用制定各项金融政策，为此，我们提出如下政策建议：

1. 推进利率市场化

利率市场化是我国金融改革的长期目标，随着存款利率浮动空间的放开，金融机构都有自主决定利率的权力，标志着利率市场化进程基本完成。但目前我国在利率形成机制和利率传导机制方面还有进一步改进的空间。根据本书的研究，利率市场化进程的提高不仅可以降低资本结构波动幅度，还可以减弱资本结构波动对企业财务困境的助推效应，其中，利率决定方式和浮动范围对资本结构波动影响更显著。针对这一研究结论，未来利率市场化方面可以采取以下策略：

（1）完善市场利率形成机制，强化央行政策利率对市场利率的影响。一些研究表明，我国存在由于金融管制导致的市场分割，直接融资市场发展缓慢，导致央行的基准利率与市场利率有一定的差异。这种差异融资导致企业目标资本结构变化，从而引发资本结构波动。从这一方面来说，放松金融管制，确保各层次利率之间影响效应快速传递，是未来金融改革的一个重要步骤。

（2）鼓励商业银行采用差异化利率开展经营，推动市场利率的有效性。目前虽然存贷款利率浮动范围基本放开，但从实际情况看，绝大部分商业银行存贷款利率基本一致，这既不利于商业银行利用利率政策开展竞争，也不利于企业通过商业银行的差异利率改善融资约束。如果商业银行采取更多的利率差异化经营策略，就有利于市场利率的快速发现，同时能够使更多的企业融资约束水平下降，从而降低其资本机构波动水平。

2. 加快资本市场发展

资本市场特别是证券市场的发展能提升企业融资速度，增加融资渠道，从而降低资本结构波动幅度。从我国目前各层次资本市场来看，主板、创业板和中小板股票市场交易流动性较大，而新三板、各级产权交易市场流动性较低。从发展中小企业服务实体经济来看，提升新三板市场的做市制度以及新三板和主板之间

第七章　结论、建议与研究局限性

的市场衔接是打通新三板市场和主板市场的重要途径，同时也可以扩大新三板市场流动性，提升中小企业权益融资效率。债券市场是资本市场的重要构件，目前我国债券市场主要面向大中企业，对于中小企业支持力度不足，未来可以考虑拓展集合债券形式的中小企业债券融资市场容量，提升中小企业融资速度，从而降低资本结构波动幅度。

3. 开放银行业发展空间

自从 20 世纪末我国专业银行股份制改革以来，我国银行业发展主要通过两条途径，一是扩大市场准入，一批中小银行企业进入市场；二是国有商业银行经营体制改革，提升商业银行之间的竞争。上述改革提升了银行业竞争程度，提升了银行服务企业的效率。但从我国目前银企关系来看，由于银行仍处于卖方市场的地位，企业还存在较大的商业信贷融资约束。这既不利于资本结构调整速度的提高，也在客观上提升了企业的融资成本，加大资本结构波动。开放银行业发展，就是要加大银行业竞争度，促使银行积极服务企业融资，从而提升资本市场的融资效率。可以采取的具体措施包括：（1）引进新型银行业主体，例如大力支持浙江网商银行等互联网银行业发展，提升行业竞争力度和经营层次；（2）开放外资银行在我国内地的经营许可，推动中西部地区银行业发展，提升中西部地区企业融资效率；（3）改革银行业服务方式，加大网上银行服务应用，提升银行业服务效率，从而提高企业商业银行融资效率，缓解融资约束。

4. 稳定货币发行量水平

货币发行量是一个经济体稳定发展的重要指标，由于我国近年对金融调节政策的倚重，货币超量发行现象出现，这不仅容易诱发通货膨胀，也容易导致社会资金流动性过大形成对实体经济的冲击。根据本书研究结论，货币政策过于扩张，会推动资本结构波动,因此从发展角度看,稳定货币发行,不仅有利于控制通货膨胀,同时也有利于企业资本结构的稳定。在当前经济环境下,根据经济发展速度和发展趋势控制货币发行量,是保障经济稳定发展的一个重要抉择。

(三) 政府行政行为改革方面

本书研究结果表明,不恰当的政府干预能够助推企业资本结构的波动,因此规范政府行为、理顺政府与市场关系是减轻企业资本结构波动的重要途径。李克强总理主持国务院工作后,大力推进"简政放权",取消或下放原有行政审批事项的1/3,非行政许可审批彻底终结,国务院各部门和地方政府也分别取消了一批行政审批事项,制定权力和责任清单,这些都对经济市场化有很大的推进作用。但在当前,我国还存在着一定程度的政府干预,这种政府干预表现在:(1)政府通过产业政策、财政补贴等,对企业经营活动进行干预;(2)对部分产业实施监管,影响企业决策;(3)通过市场监管限制市场自由竞争,影响企业自由成长,等等。因此,未来政府行政行为改革可以从以下几方面进行:

1. 清理不必要的市场监管政策,让企业自主适应市场经营

在计划经济条件下,国家主导市场供需,因此市场监管政策是政府重要职能;在市场经济体制下,除影响国计民生行业外,政府应降低市场监管,消除不必要的监管,让企业适应市场环境自然成长,从而减少资本结构波动的频率。

2. 尽量减少通过产业政策和财政补贴等对市场的不必要干涉,给企业独立经营决策

目前,一些地方政府为快速发展本地经济,纷纷制定产业政策,通过财政补贴等形式刺激一定产业企业发展,从短期来看,

这种做法可以调整本地产业结构，但从长远看，极易扭曲市场需求信号，导致市场调节失败。我国 2009~2014 年中央政府鼓励发展新能源，各级地方政府纷纷出台财政和产业政策鼓励地方企业发展光伏产业，短短 3 年我国光伏产业从朝阳产业发展成为产能过剩产业，一大批企业倒闭清算，就是一个典型例子。企业独立经营，就能够更准确地把握市场发展趋势，稳定资本安排。

3. 放开市场限制，扩大市场开发度

出于保护本地企业发展的动机，一些地方政府出台了很多限制外地企业进入本地市场的措施，这在我国烟草和盐业方面表现尤为突出，这不仅不利于消费者权益保护，也不利于企业之间优胜劣汰，助长了部分国企的机会主义选择行为。放开市场准入，可以在最大程度上促进企业特别是非国有企业的健康成长，稳定其资本总量和结构。

(四) 企业管理行为方面

资本结构调整是企业的行为选择，因此控制资本结构波动，最主要的方面还是企业自身行为。从企业管理方面来看，发展战略、融资决策是资本结构波动的主要驱动因素，此外融资渠道和盈利能力也是影响资本结构波动的客观因素。根据本书研究结论，企业可以从以下一些方面着手，降低资本结构波动：

1. 保持恰当的成长速度，避免增速过快带来资本结构大幅度波动

企业成长是提高抗风险能力、提升企业价值的重要渠道，然而企业成长也会引发资本结构波动。因此在确定成长速度时，要在综合考虑经营风险和财务风险的基础上，选择合适的成长速度，当企业存在一定程度的经营风险时，就要选择合适的成长速度，避免因资本结构波动幅度过大而给企业带来风险。

2. 在进行融资决策时，要注意优选融资渠道

企业可以通过权益和负债多渠道融资，既提高了融资潜力，也保持资本结构相对稳定，避免形成过高或过低的资产负债率，控制资本结构偏离度。这就需要企业保持与各方面资本提供者之间的关系，制定长期合约，保证资本结构稳定。

3. 积极拓展股票、债券等直接融资渠道，增加融资弹性

从我国目前的情况看，大部分企业在直接融资方面存在一定程度的约束，而直接融资又是优化资本结构、提升资本结构调整速度的重要保障。企业应优化自身公司治理结构，达到直接融资门槛条件，这样一方面可以降低融资约束，另一方面可以增加融资渠道的可选择性，从而降低增资过程中的资本结构波动幅度。

4. 加强盈利能力建设，增强融资调节潜力

盈利能力的提高可以优化融资环境，降低企业单个融资成本，从而为优选融资渠道、减轻资本结构波动提供基础条件。在目前新常态条件下，企业融资风险提高，商业银行等融资主体更看重企业盈利能力，因此企业应积极调整产品结构，改进管理效率，提升盈利水平，为资本结构调节提供保证。

三、研究局限性

本书主要关注资本结构波动驱动因素和价值影响研究，在研究中注重数理推导和实证分析的运用。然而本书的研究还存在一定的局限性，具体来说有以下几个方面：（1）从研究架构看，尚未能完全界定资本结构波动在静态和动态资本结构理论之间的逻辑关系。从理论上说，资本结构波动属于动态资本结构理论范畴，但本书的研究主要基于不同时间段资本结构波动进行研究，

第七章 结论、建议与研究局限性

还未从动态角度研究资本结构波动的长期发展趋势以及与其他因素之间的动态关系。(2)从研究深度看,还存在一些研究不够深入的地方,比如在研究资本结构波动与资本成本关系时,未能进一步探讨其与权益资本成本之间的关系;未能从实证研究视角检验资本结构波动与资本结构调整速度与调整方式之间的规律等;(3)本书未能完整研究目前中国市场背景特征对企业资本结构波动的影响,例如,企业上市与否对资本结构的波动影响是否存在差异;中国证券市场不同事前监管政策对资本结构波动的影响是否有区别,等等。此外,本书的研究虽然根据不同的研究对象采取了有针对性的研究方法,但一些研究还可以引入更先进的方法,例如采用博弈论方法讨论宏微观因素互动对资本结构路径的选择等,都值得进一步优化。

考虑到上述研究局限性,后续可以在以下方面开展研究:(1)从动态资本结构理论方面进行深入研究,探讨一定时期内资本结构波动与其他因素之间的动态关系;(2)就资本结构波动与驱动因素和价值影响方面进行深入研究,观察资本结构波动与组织结构变迁、管理层特征等内部因素以及市场监管政策变动等外部因素之间的关系;(3)结合我国经济新常态以及转轨经济的特征,研究政治、经济体制改革进程及其对资本结构波动的影响。

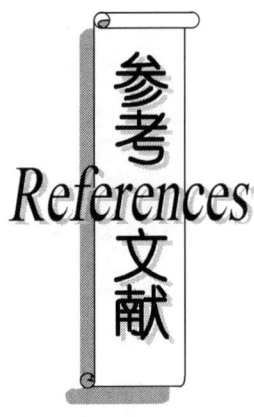

[1] Alan Schwartz. The Law and Economics of Preliminary Agreements [J]. American Law & Economics Association Papers. 2006 (39): 1 – 50.

[2] Alon kaly. International Payout Policy, Information Asymmetry, and Agency Costs [J]. Journal of Financial Research. 2014 (2): 457 – 472.

[3] Amihud Y, Mendelson H. Asset Pricing and the Bid – ask Spread [J]. Journal of Financial Economics, 1986 (17): 223 – 249.

[4] Altman Edward I. Multidimensional Graphics and Bankruptcy Prediction: A Comment. [J]. Journal of Accounting Research. 1983 (21): 297 – 299.

[5] Anderson. Mark C, Rajiv D., Banker Surya N. Janakiraman. Are selling, general, and administrative costs sticky? [J]. Journal of Accounting Research. 2003 (1): 47 – 63.

[6] Ashbaugh H., Collins D. W, and Lafond R. The Effects of Corporate Governance on Firm's Credit Ratings [J]. Journal of Accounting and Economics, 2006 (42): 203 -243.

[7] Bae Kee – Hong; Kang Jun – Koo; Lim Chan – Woo. The value of durable bank relationships: evidence from Korean banking shocks [J]. Journal of Financial Economics. 2002 (64): 181 -214.

[8] Baird, D., and R. Rasmussen. Private Debt and the Missing Lever of Corporate Governance [J]. University of Pennsylvania Law Review. 2006 (154): 1209 -1251.

[9] Bernanke Ben, Gertler Mark. Agency costs, Net Worth, and Business Fluctuations [J]. American Economic Review, 1989 (79): 14 -31.

[10] Ben Bernanke and Mark Gertler. Agency cost, net worth and business fluctuations [J]. The American Economic Review. 1989 (179): 14 -31.

[11] Cherian Samuel. Does shareholder myopia lead to managerial myopia? A first look [J]. Applied Financial Economics, 2000 (10): 493 -505.

[12] Daily, Catherine M.; Dalton, Dan R. Bankruptcy and Corporate Governance: the Impact of Board Composition and Structure [J]. Academy of Management Journal. 1994 (37): 1603 -1617.

[13] Daniels, R., and G. Triantis. The Role of Debt in Interactive Corporate Governance [J]. California Law Review 1995 (83): 1073 -1113.

[14] DeAngelo, H., L. DeAngelo, and K. Wruck. Asset Liquidity, Debt Covenants, and Managerial Discretion: The Collapse of L. A. Gear [J]. Journal of Financial Economics 2002 (64):

3 – 34.

[15] Deng Jr George W. The Essential Unity of Shareholders and the Myth of Investor Short – termism [J]. Delaware Journal of Corporate Law. 2010 (35): 97 – 150.

[16] Elshahat, Islam; Elshahat, Ahmed; Rao, Arundhati. Does Corporate Governance Improve Bankruptcy Prediction? [J]. Academy of Accounting & Financial Studies Journal. 2015 (19): 107 – 119.

[17] Fanlkender, M. W., Flamnnery, M. J., Hankins, K. W., Smith, J. M. Do adjustment costs impeding realization of target capital structure? [C] AFA2008 New Orleans Meetings Paper, 2008, Availabel at SSRN Working Paper.

[18] Fischer, E., Heinkel, Robert., and Zechner, Josef. Dynamic Capital Structure Choice: Theory and Tests [J]. Journal of Finance. 1989 (44): 19 – 40.

[19] Flannery M. J. and K. P. Rangan. Partial Adjustment toward Target Capital Structures [J]. Journal of Financial Economics. 2006 (79): 469 – 506.

[20] Ge Ying, Qiu Jiangping. Financial Development, Bank discrimination and trade credit [J]. Journal of Banking and Finance, 2007 (31): 513 – 530.

[21] Giroud, Xavier; Mueller, Holger M. Corporate Governance, Product Market Competition, and Equity Prices [J]. Journal of Finance. 2011 (66): 563 – 600.

[22] Gonzalez, Angelica; André, Paul. Board Effectiveness and Short Termism [J]. Journal of Business Finance & Accounting. 2014 (41): 185 – 209.

[23] Grossman Sanford J., Hart. Oliver. Corporate Financial Structure and Managerial Incentives [A]. J. McCall The economics of information and uncertainty [C]. Chicago: University of Chicago Press, 1982.

[24] Greg Nini, David C. Smith and Amir Sufi. Creditor Control Rights, Corporate Governance, and Firm Value [J]. The Review of Financial Studies. 2012 (25): 1713 - 1761.

[25] Harris S. J. R., Schiantarelli, Siregar M. G.. The effect of financial liberalization on the capital structure and investment decisions of Indonesian manufacturing establishments [J]. World Bank Economic Review, 1994 (8): 17 - 47.

[26] Hackbarth, D., Miao, J. and E. Morellec. Capital Structure, Credit Risk, and Macroeconomic Conditions [J]. Journal of Financial Economics. 2006 (82): 519 - 550.

[27] Hovakimian A., Opler T., Titman, S. The Debt - Equity Choice: An Analysis of Issuing Firms [J]., Journal of Financial and Quantitative Analysis, 2001 (36): 1 - 24.

[28] Januszewski, Silke I.; koke, Jens; Winter, Joachim K. Product market competition, corporate governance and firm performance: an empirical analysis for Germany [J]. Research in Economics. 2002 (56): 299 - 332.

[29] Kenneth Calleja, Michael Steliaros and Dylan C. Thomas. A note on cost stickiness: Some international comparisons [J]. Management Accounting Research. 2006 (17): 127 - 140.

[30] Koo J., Shin S. Financial Liberalization and Corporate Investment: Evidence from Korean Firm Data [J]. Asian Economic Journal. 2004 (18): 277 - 292.

[31] Korajczyk, R. , and A. Levy. Capital Structure Choice: Macroeconomic Conditions and Financial Constraints [J]. Journal of Financial Economics, 2003 (68): 75 - 109.

[32] Laeven L. Does financial liberalization reduce financing constraints? [J]. Financial Economics, 2004 (32) : 5 - 34.

[33] Leary M. T. , Roberts M. R. Do Firms Rebalance Their Capital Structures [J]. Journal of Finance, 2005 (60): 2575 - 2619.

[34] Lemmon M. , Zender J. Back to the Beginning: Persistence and the Cross - section of Corporate Capital Structure. [J]. Journal of Finance, 2008 (63): 1575 - 1608.

[35] Liu J. Macroeconomic determinants of corporate failures: Evidence from the UK. Applied Economics, 2004 (36): 935 - 949.

[36] McConnell, John J. Servaes, Henri. Equity ownership and the two faces of debt [J]. Journal of Financial Economics. 1995 (39): 131 - 157.

[37] Michael C. Jensen and William H. , Meckling. Theory of the Firm: Managerial Behavior, Agency Costs and Ownership Structure [J]. Journal of Financial Economics, 1976 (3): 305 - 360.

[38] Michael C. Jensen. Agency Cost of Free Cash Flow, Corporate Finance and Takeovers [J]. AEA Papers and Proceedings. 1986 (5): 323 - 329.

[39] Miller, Merton H. Debt and Taxes [J]. Journal of Finance. 1989 (2): 6 - 18.

[40] Modigliani, Franco, and Miller H. Merton. The Cost of Capital, Corporate Finance, and the Theory of Investment [J]. American Economic Review. 1958 (48): 261 - 297.

[41] Myres C. Stewart. Capital Structure Puzzle [J]. Journal

of Finance. 1984 (39): 575 -592.

[42] Nevins D. Baxter. Leverage. Risk of Ruin and the Cost of Capital [J]. The Journal of Finance. 1967 (22): 395 -403.

[43] Rajan, R. , Zingales, L. What do we know about capital structure: some evidence form international data [J]. Journal of Finance, 1995 (50): 1421 -1460.

[44] Ramji Balakrishnan, Michael J. Petersen and Naomi S. Soderstrom. Does Capacity Utilization Affect the "Stickiness" of Cost? [J]. Journal of Accounting, Auditing and Finance. 2004. 19 (3): 283 -299.

[45] Ramji Balakrishnan and Thomas Gruca. Cost Stickiness and Core Competency: A Note [J] . Contemporary Accounting Research. 2008 (25): 993 -1006.

[46] Stulz R. . Managerial Discretion and Optimal Financing Policies [J]. Journal of Financial Economics, 1990 (26): 3 -271.

[47] Tinoco Hernandez, Mario; Nick Wilson. Financial distress and bankruptcy prediction among listed companies using accounting, market and macroeconomic variables [J]. International Review of Financial Analysis. 2013 (30): 394 -419.

[48] Titman, Sheridan, and Wessels, Roberto. The Determinants of Capital Structure Choice [J]. The Journal of Finance, 1988 (43): 1 -19.

[49] William, Petty, J. and Scott, David F. The Analysis of Corporate Liquidity [J]. Journal of Economics and Business. 1980 (32): 206 -218.

[50] Titman, Sheridan, and Tsyplakov, Sergey. A Dynamic Model of Optimal Capital Structure [J]. Review of Finance. 2007

(11): 401-451.

[51] Tong, Zhenxu. Firm diversification and the value of corporate cash holdings [J]. Journal of Corporate Finance, 2011, (17): 741-758.

[52] 包婵静、张兴亮、周静宁. 企业规模、市场化进程与民营企业商业信用融资 [J]. 财会通讯. 2016 (9): 75-77.

[53] 曹向、匡小平、刘俊. 管理者过度自信、政府干预与商业信用 [J]. 经济经纬. 2013 (1): 109-114.

[54] 曹晓雪、于长春、周泽将. 费用粘性研究：来自中央企业的经验证据 [J]. 产业经济研究. 2009 (1): 40-46.

[55] 常亮、连玉君. 融资约束与资本结构的非对称调整——基于动态门限模型的经验数据 [J]. 财贸研究, 2013 (2): 138-144.

[56] 陈灿平. 企业费用"粘性"行为影响因素研究——基于地区经济生态差异视角 [J]. 财经理论与实践. 2008 (6): 92-95.

[57] 陈杰. 政府干预、资本成本与资本结构动态调整研究 [J]. 财会通讯（综合）. 2012 (9中): 48-50.

[58] 陈少华、陈菡、陈爱华. 债务资本成本与资本结构动态调整——基于市场化程度差异视角 [J]. 审计与经济研究. 2013 (6): 44-53.

[59] 陈宗胜等. 中国经济体制市场化进程. 中国社会科学季刊（香港）. 1998. 夏季号.

[60] 代彬、彭程. 高管控制权、资本扩张与企业财务风险——来自国有上市公司的经验证据 [J]. 经济与管理研究. 2012 (5): 20-30.

[61] 邓超、敖宏、胡威、王翔. 基于关系型贷款的大银行

对小企业的贷款定价研究［J］．经济研究．2010（2）：83-96．

［62］杜飞轮、张海鹏．基于产权性质分类的上市公司债务治理效应分析［J］．华东经济管理．2007（11）：116-118．

［63］杜莹、刘立国．中国上市公司债权治理效率的实证分析［J］．证券市场导报．2002（12）：66-69．

［64］范从来、叶宗伟．上市公司债务融资、公司治理与公司绩效［J］．经济理论与经济管理．2004（10）：50-53．

［65］樊纲、王小鲁、张立文．中国各地区市场化进程2000年报告［J］．国家行政学院学报．2001（3）：17-27．

［66］方金荣、王明虎、钟冬琴．债务融资的费用粘性抑制效应研究——基于银行信贷和商业信用角度［J］．会计之友．2014（24）：36-38．

［67］傅利福．利率市场化对上市公司资本结构影响的实证分析［J］．经济经纬．2014（3）：133-138．

［68］顾乃康、王贵银．中国上市公司资本结构调整中的临界效应检验——基于门槛回归模型的研究［J］．中山大学学报（社会科学版）．2012（52）：195-206．

［69］郭娟丽．债务结构与财务困境关系的实证研究［J］．长春理工大学学报（社会科学版）．2014（2）：101-104．

［70］何燕、曹国华．股权资本结构变动与宏观经济增长实证检验——基于中国国进民退隐忧的思考［J］．金融评论．2010（3）：86-101．

［71］胡杰．债务期限结构、管理层防御效应与上市公司高管薪酬水平［J］．财经论丛．2014（2）：64-71．

［72］胡一帆、宋敏、张俊喜．竞争、产权、公司治理三大理论的相对重要性及交互关系［J］．经济研究．2005（9）：44-57．

［73］黄辉．制度导向、宏观经济环境与企业资本结构调

整——基于中国上市公司的经验证据［J］.管理评论，2009（3）：11-13.

［74］黄继承、姜付秀.产品市场竞争与资本结构调整速度［J］.世界经济.2015（7）：99-119.

［75］黄志忠、谢军.宏观货币政策、区域金融发展和企业融资约束——货币政策传导机制的微观证据［J］.会计研究.2013（1）：63-69.

［76］姜付秀，黄继承.市场化进程与资本结构动态调整［J］.管理世界.2011（3）：124-134.

［77］姜付秀、张敏、陆正飞、陈才东.管理者过度自信、企业扩张与财务困境［J］.经济研究.2009（1）：131-143.

［78］蒋荣、陈丽蓉.产品市场竞争治理效应的实证研究：基于CEO变更视角［J］.经济科学.2007（2）：102-111.

［79］蒋琰.权益成本、债务成本与公司治理：影响差异性研究［J］.管理世界，2009（11）：44-54.

［80］李秉祥、田战军、张勇.企业财务风险生成和传导机理分析［J］.上海立信会计学院学报.2006（4）：60-65.

［81］李秉成、祝正芳.我国货币政策对企业财务困境的影响研究［J］.中南财经政法大学学报.2013（5）：95-101.

［82］李广子、刘力.债务融资成本与民营信贷歧视［J］.金融研究.2009（12）：137-149.

［83］李国重.中国上市公司资本结构的动态目标调整：制度特征导向［J］.会计研究.2006（12）：68-75.

［84］李粮、宋振康.经理人自利动机对费用粘性的影响研究［J］.山西财经大学学报.2013（12）：93-103.

［85］李世辉、雷新途.两类代理成本、债务治理及其可观测绩效的研究——来自我国中小上市公司的经验证据［J］.会

计研究. 2008（5）：30-37.

［86］李四海、宋献中、吴一能. 货币政策、区域金融发展与企业信贷融资［J］. 财务研究. 2015（1）：50-58.

［87］李四海、李晓龙、宋献中. 产权性质、市场竞争与企业社会责任行为——基于政治寻租视角的分析［J］. 中国人口资源与环境. 2015（1）：162-169.

［88］李万福、林斌、林东杰. 内部控制能有效规避财务困境吗？［J］. 财经研究. 2012（1）：124-134.

［89］李勇. 宏观经济环境、动态目标资本结构与融资约束——基于中国上市公司的实证分析［J］. 山西财经大学学报. 2014（5）：22-29.

［90］李跃、宋顺林、高雷. 债务结构、政府干预与市场环境［J］. 经济理论与经济管理. 2007（1）：23-28.

［91］连军. 政治联系、市场化进程与权益资本成本［J］. 经济与管理研究. 2012（2）：32-38.

［92］连玉君、苏治. 融资约束、不确定性与上市公司投资效率［J］. 管理评论. 2009（1）：19-26.

［93］林毅夫、李永军. 中小金融机构发展与中小企业融资［J］. 经济研究，2001（1）：10-18.

［94］刘凤委、孙铮、李增泉. 政府干预、行业竞争与薪酬契约——来自国有上市公司的经验证据［J］. 管理世界. 2007（9）：76-84.

［95］刘津宇、王正位、朱武祥. 产权性质、市场化改革与融资歧视——来自上市公司投资—现金流敏感性的证据［J］. 南开管理评论. 2014（5）：126-135.

［96］刘丽平. 利率市场化与企业资本结构波动［J］. 绿色财会. 2016（3）：24-26.

[97] 刘明章、张明辉、张戈．基于宏观经济视角的流动性过剩问题研究［J］．金融理论与实践，2008（3）：54-60．

[98] 刘启亮、罗乐、何威风、陈汉文．产权性质、制度环境与内部控制［J］．会计研究．2012（3）：52-61．

[99] 刘武．企业费用"粘性"行为：基于行业差异的实证研究［J］．中国工业经济．2006（12）：105-112．

[100] 刘银国、张琛．自由现金流的代理成本效应检验：基于在职消费视角［J］．经济管理．2012（11）：125-131．

[101] 罗宏、曾永良、刘宝华．国有企业高管薪酬、公司治理与费用粘性［J］．经济经纬．2015（2）：99-104．

[102] 罗正英、贺妍．融资约束、市场化进程与货币政策利率传导效应——基于我国上市公司投资行为的实证检验［J］．金融评论．2015（3）：75-92．

[103] 马春爱．中国上市公司资本结构调整行为研究：一个财务弹性的视角［J］．财经论丛．2009（11）：80-85．

[104] 马文超、吴君民．货币政策变更、费用粘性与企业债务融资［J］．山西财经大学学报．2012（6）：105-113．

[105] 马永强、张泽南．金融危机冲击、管理者盈余动机与成本费用粘性研究［J］．南开管理评论．2013（6）：70-80．

[106] 闵亮、沈悦．宏观冲击下的资本结构动态调整——基于融资约束的差异性分析［J］．中国工业经济．2011（5）：109-118．

[107] 穆林娟、张妍、刘海霞．管理者行为、公司治理与费用粘性分析［J］．北京工商大学学报（社会科学版）．2013：75-81．

[108] 饶华春．中国金融发展与企业融资约束的缓解——基于系统广义矩估计的动态面板数据分析［J］．山西财经大学学

报．2009（11）：89－94．

［109］宋培培、罗芳．利率市场化程度与银行业集中度关系研究［J］．财务与金融．2014（1）：16－20．

［110］苏冬蔚、曾海舰．宏观经济因素与公司资本结构变动［J］．经济研究．2009（12）：52－65．

［111］孙铮、刘凤委、李增泉．市场化程度、政府干预与企业债务期限结构——来自我国上市公司的经验证据［J］．经济研究．2005（5）：52－63．

［112］孙铮、刘浩．中国上市公司费用"粘性"为研究［J］．经济研究．2004（12）：26－34．

［113］唐建新、陈冬．2009 金融发展与融资约束——来自中小企业板的证据［J］．财贸经济．2009（5）：5－11．

［114］陶会兴．资本结构波动与权益资本成本［J］．合作经济与科技，2016（11）：79－81．

［115］陶雄华、陈明珏．中国利率市场化的进程测度与改革指向［J］．中南财经政法大学学报．2013（3）：74－79．

［116］田利辉．杠杆治理、预算软约束和中国上市公司绩效［J］．经济学季刊．2004（3）增刊：15－26．

［117］童勇．资本结构的动态调整和影响因素［J］．财经研究．2004（10）：96－104．

［118］万寿义、王红军．管理层自利、董事会治理与费用粘性——来自中国制造业上市公司的经验证据［J］．经济与管理．2011（3）：26－32．

［119］万寿义、徐圣男．中国上市公司费用粘性行为的经验证据——基于上市公司实质控制人性质不同的视角［J］．审计与经济研究．2012（4）：79－86．

［120］汪辉．上市公司债务融资、公司治理与市场价值

[J].经济研究.2003（8）：28-35.

[121] 王东静、张祥建.利率市场化、企业融资与金融机构信贷行为研究[J].世界经济.2007（2）：50-59.

[122] 王克敏、姬美光、赵沫.宏现经济环境、公司治理与财务困境研究[J].经济与管理研究.2006（9）：18-25.

[123] 王明虎.银行业竞争、信贷规模歧视和上市公司银行借款融资差异[J].经济经纬.2010（4）：139-143.

[124] 王明虎、王小韦.企业规模、融资约束与资本结构波动[J].南京审计学院学报.2015（2）：12-18.

[125] 王明虎、吴良海、郑水金.浅谈经营风险、资本结构与企业价值关系[J].财务与会计（理财版），2014（10）：52.

[126] 王明虎、席彦群.产权治理、自由现金流量和费用粘性研究[J].商业经济与管理，2011（9）：68-73.

[127] 王明虎、章铁生.资本结构波动、利率市场化和企业财务困境[J].审计与经济研究.2016（5）：82-91.

[128] 王明虎、郑军.宏观经济增长、资本结构波动与债务资本成本[J].北京工商大学学报（社会科学版）.2016（5）：68-77.

[129] 王明虎、郑兴东.银行竞争、区域信贷差异与上市公司信贷融资[J].财政研究.2013（10）：60-63.

[130] 王先斌、王明虎、许贯.货币政策、企业成长与资本结构波动[J].会计之友.2016（22）：83-87.

[131] 王艺霖，王爱群.内控缺陷披露、内控审计与债务资本成本——来自沪市A股上市公司的经验证据[J].中国软科学.2014（2）：150-160.

[132] 王一鸣.宏观经济形势和政策前瞻[J].中国金融.

2013 (2): 45-46.

[133] 王跃堂、王亮亮、彭洋. 产权性质、债务税盾与资本结构 [J]. 经济研究. 2010 (9): 122-135.

[134] 王正位、赵冬青、朱武祥. 资本市场磨擦与资本结构调整——来自中国上市公司的证据 [J]. 金融研究. 2007 (6): 109-119.

[135] 肖浩、夏新平. 政府干预、政治关联与权益资本成本 [J]. 管理学报. 2010 (6): 921-929.

[136] 肖作平. 所有权和控制权的分离度、政府干预与资本结构选择——来自中国上市公司的实证证据 [J]. 南开管理评论. 2010 (5): 144-152.

[137] 肖作平、陈德胜. 公司治理结构对代理成本的影响——来自中国上市公司的经验证据 [J]. 财贸经济. 2006, (12): 29-35.

[138] 谢朝华、唐海风. 经济增长、结构失衡与流动性过剩——论我国当前流动性过剩的成因与对策 [J]. 中央财经大学学报. 2007 (12): 23-29.

[139] 谢德仁、陈运森. 金融生态环境、产权性质与负债的治理效应 [J]. 经济研究. 2009 (5): 118-129.

[140] 谢绚丽、赵胜利. 中小企业的董事会结构与战略选择——基于中国企业的实证研究 [J]. 管理世界. 2011 (1): 101-111.

[141] 徐明东、陈学彬. 中国工业企业投资的资本成本敏感性分析 [J]. 经济研究. 2012 (3): 40-52.

[142] 徐玉德、周玮. 不同资本结构与所有权安排下的投资效率测度——来自我国A股市场的经验证据 [J]. 中国工业经济. 2009 (11): 131-140.

[143] 杨棉之. 股权结构、财务风险与债务资金成本——基于中介变量传导效应的研究 [J]. 经济问题. 2010 (9): 104-108.

[144] 姚晨东. 中国利率市场化改革对资本结构调整速度的影响 [D]. 厦门大学硕士学位论文. 2013.

[145] 余明桂、夏新平、邹振松. 管理者过度自信与激进负债行为 [J]. 管理世界. 2006 (8): 104-125.

[146] 余明桂、潘红波. 政府干预、法治、金融发展与国有企业银行贷款 [J]. 金融研究. 2008 (9): 1-22.

[147] 余明桂、潘红波. 金融发展、商业信用和产品市场竞争 [J]. 管理世界. 2010 (8): 117-129.

[148] 于东智. 资本结构、债权治理与公司绩效：一项经验分析 [J]. 中国工业经济, 2003 (1): 87-94.

[149] 于富生、张敏、姜付秀、任梦杰. 公司治理影响公司财务风险吗？ [J]. 会计研究. 2008 (10): 52-59.

[150] 喻坤、李治国、张晓蓉、徐剑刚. 企业投资效率之谜：融资约束假说与货币政策冲击 [J]. 经济研究. 2014 (5): 106-120.

[151] 袁卫秋、汪立静. 货币政策、信息披露质量与商业信用融资 [J]. 云南财经大学学报. 2016 (1): 121-131.

[152] 翟胜宝、陈紫薇、刘亚萍. 银企关系与企业成本费用粘性 [J]. 系统工程理论与实践. 2015 (4): 928-937.

[153] 张杰. 究竟是什么决定一国银行制度的选择关——重新解读中国国有银行改革的含义 [J]. 金融研究, 2005 (9): 1-18.

[154] 张茉楠. 中国宏观经济正经历"结构之变"——供给视角下的宏观经济形势分析与改革取向 [N]. 中国经济时报. 2014-4-29 (6).

[155] 张曙光、赵农. 市场化及其测度——兼评《中国经济体制市场化进程研究》[J]. 经济研究. 2010（10）：73-77.

[156] 张太原、谢赤、高芳. 利率对上市公司资本结构影响的实证研究[J]. 金融研究. 2007（12）：179-185.

[157] 张维迎. 企业家与职业经理人：如何建立信任[J]. 北京大学学报. 2003（5）：29-38.

[158] 张维迎、栗树和. 地区间竞争与中国国有企业的民营化[J]. 经济研究. 1998（12）：13-22.

[159] 张学勇、何姣. 扩张投资、经济增长与投资效率——基于金融危机前后的对比研究[J]. 宏观经济研究. 2011（7）：64-70.

[160] 章铁生、徐德信、余浩. 证券发行管制下的地方"护租"与上市公司财务困境风险化解[J]. 会计研究. 2012（8）：41-48.

[161] 赵冬青、朱武祥、王正位. 宏观调控与房地产上市公司资本结构调整[J]. 金融研究，2008（10）：78-92.

[162] 赵蒲、孙爱英. 产业竞争、非理性行为、公司治理与最优资本结构——现代资本结构理论发展趋势及理论前沿综述[J]. 经济研究. 2003（6）：81-89.

[163] 赵息、李粮. 国有企业高管薪酬结构对费用粘性的影响研究[J]. 中南财经政法大学学报. 2012（4）：114-120.

[164] 郑军、林钟高、彭琳. 地区市场化进程、相对谈判能力与商业信用——来自中国制造业上市公司的经验证据[J]. 财经论丛. 2013（5）：81-87.

[165] 郑水金. 资本结构波动与债务资本成本[D]. 安徽工业大学硕士学位论文. 2015：27-36.

[166] 周开国、徐亿卉. 中国上市公司的资本结构是否稳

定［J］. 世界经济. 2012（5）：106 - 120.

［167］朱小斌、颜光华. 中小企业战略计划的行为模式——来自我国七省市的调查研究［J］. 经济管理，2006（5）：32 - 35.

［168］祝继高、陆正飞. 融资需求、产权性质与股权融资歧视——基于企业上市问题的研究［J］. 南开管理评论. 2012（4）：141 - 150.

［169］祝继高、齐肖、汤谷良. 产权性质、政府干预与企业财务困境应对——基于中国远洋、尚德电力和李宁公司的多案例研究［J］. 会计研究. 2015（5）：28 - 34.